Segundo Felino Sánchez Espinosa
Nolazco Eligio Martínez Leiva
Jorge Pablo Marcel Cepero

História local.

Segundo Felino Sánchez Espinosa
Nolazco Eligio Martínez Leiva
Jorge Pablo Marcel Cepero

História local.

O tratamento metodológico do processo de ensino-aprendizagem

ScienciaScripts

Imprint

Any brand names and product names mentioned in this book are subject to trademark, brand or patent protection and are trademarks or registered trademarks of their respective holders. The use of brand names, product names, common names, trade names, product descriptions etc. even without a particular marking in this work is in no way to be construed to mean that such names may be regarded as unrestricted in respect of trademark and brand protection legislation and could thus be used by anyone.

Cover image: www.ingimage.com

This book is a translation from the original published under ISBN 978-620-3-88651-1.

Publisher:
Sciencia Scripts
is a trademark of
Dodo Books Indian Ocean Ltd. and OmniScriptum S.R.L Publishing group
Str. Armeneasca 28/1, office 1, Chisinau MD-2012, Republic of Moldova, Europe
Printed at: see last page
ISBN: 978-620-5-25529-2

ÍNDICE

INTRODUÇÃO

A humanidade está cercada de ameaças e ataques, de fome e pandemias, de injustiças e interferências, que impedem a verdadeira soberania dos povos. Enquanto isto acontece, Cuba, a maior das Antilhas das Caraíbas, luta pela sua plena liberdade, criando numerosos programas que farão do seu povo o mais educado do mundo. O preceito de Marti de que educar é depositar em cada homem todo o trabalho humano que o precedeu encoraja-nos a pensar na educação como uma das tarefas mais nobres e mais humanas para a qual alguém pode dedicar a sua vida. É impossível falar de desenvolvimento sem a existência de uma educação que prepare o homem para a vida. A política educacional cubana visa a formação integral do novo homem, um homem culto, com elevados sentimentos humanistas e com capacidade para viver e participar activamente na construção da sociedade socialista. Em Cuba, a escola é a instituição social a que o Estado e o Partido confiaram a missão de liderar o processo educativo para promover a formação e o desenvolvimento das novas gerações. A escola tem a tarefa de conseguir uma organização escolar que permita a incorporação no processo ensino-educacional dos programas priorizados da Revolução, a fim de alcançar a cultura integral geral a que aspiramos. É prioritário reforçar o trabalho político e ideológico dos professores, prepará-los para formar valores revolucionários nos alunos; que os identifiquem com a sociedade em que vivem e os tornem portadores das ideias e sentimentos que farão durar a Revolução em qualquer circunstância. O objectivo da escola secundária básica é a formação básica e integral do adolescente cubano, com base numa cultura geral, que lhe permita ser plenamente identificado com a sua nacionalidade e patriotismo, conhecendo e compreendendo o seu passado, enfrentando a sua preparação presente e futura, adoptando conscientemente a opção do socialismo, que garante a defesa das conquistas sociais e a continuidade das obras da Revolução, expressas na sua forma de sentir, pensar e agir.O processo ensino-aprendizagem da História de Cuba na escola secundária básica tem como duplo objectivo ensinar a aprender, uma vez que se trata de educar no exercício do pensar, raciocinar, promover até os sentimentos ao harmonizar o evidente com o emocional, ao descobrir o interno do facto até chegar ao porquê do acontecimento histórico e do seu movimento.

Torna-se uma forma de educação em valores, sempre apoiada por dados, documentos, testemunhos orais ou escritos, visitas a museus e outras formas que constituem fontes para o seu estudo. Para tal, precisam de formar representações correctas a partir das quais possam ascender a análises mais complexas, sendo uma das principais tarefas do sujeito conduzir a explicações, avaliações, generalizações, com base na interpretação das relações internas, causais que conduzem à compreensão de complexidades superiores. é necessário que o nosso povo conheça a sua história, é necessário que os factos de hoje, os méritos de hoje, os triunfos de hoje, não nos façam cair no esquecimento injusto e criminoso das raças da nossa história". Castro, (1980). O estudo da História de Cuba tem grande importância para estudantes e professores nesta educação porque é a fonte onde todos são alimentados e servem de gufa para o futuro. A actual batalha de ideias onde o povo O facto de Cuba enfrentar agressões imperialistas, como consequência da sua política hostil, confirma a necessidade de aprofundar o conhecimento das suas raízes, o conhecimento da história cubana e o conhecimento da história local.O conhecimento do tema História de Cuba e, especificamente, dos conteúdos da História Local, permite aos estudantes identificarem-se com os lugares que lhes são mais próximos, terem contacto directo com monumentos, documentos, museus ou outras fontes de conhecimento histórico da sua localidade, que têm um elevado valor educativo e contribuem para a formação e desenvolvimento de sentimentos, valores e formas de actuação.Através do estudo da História Local, a ligação dos conteúdos de aprendizagem com a prática social é garantida, utilizando as experiências dos estudantes, a sua realidade mais próxima: cultural, social e política. Esta exigência tem como objectivo transformar a aprendizagem do sujeito num processo vivo, que permita ao estudante, a partir das suas próprias experiências educativas, compreender e descobrir a sua origem e a da sociedade em que vive.O estudo dos factos históricos ocorridos no local e das personalidades históricas que neles actuaram, propicia a assimilação dos acontecimentos mais importantes do acontecimento nacional e a ligação entre os factos históricos locais e nacionais. A História Local, além de contribuir para a compreensão do material histórico, permite a aproximação dos alunos à investigação, ou seja, à busca activa das conquistas do povo cubano em todas as etapas da sua história.A causa fundamental dos problemas detectados reside na sistemática limitada do trabalho com História Local nas aulas de História Cubana do nono ano.Tudo isto gerou a contradição entre o estado desejado: a necessidade de conseguir o tratamento da História Local a partir das aulas de História do Ambiente e de Cuba e as verdadeiras insuficiências apresentadas pelos alunos do nono ano na aprendizagem desta componente, na prática pedagógica.Portanto, o presente trabalho tem como problema científico: Como contribuir para o tratamento da História Local a partir do processo de ensino-aprendizagem da História Cubana no nono ano? O objectivo desta investigação é o processo de ensino-aprendizagem da História Cubana no nono ano e o campo da investigação, o tratamento da História Local no nono ano: Propor um sistema de exercícios orientados para o tratamento da História Local nos alunos do 9º ano do Centro Misto: Delffn Moreno Vazquez".

As questões científicas são as seguintes:
■Que pressupostos teóricos apoiam o tratamento da História Local no processo de ensino-aprendizagem da História cubana no nono ano?

■Qual é a situação real do tratamento da História Local nos alunos do "Centro Mixto" do nono ano: Delffn Moreno Vazquez"?

■O que devo usar para o tratamento da História Local no nono ano?
■Quão eficaz é o sistema de exercício proposto?
A fim de resolver o problema, são propostas as seguintes tarefas de investigação:

■Sistematização dos fundamentos teóricos que sustentam o tratamento da História Local a partir do processo de ensino-aprendizagem da História cubana no nono ano.

■Diagnóstico da situação real do tratamento da História Local nos alunos do 9º ano do Centro Misto: Delffn Moreno Vazquez".

■Elaboração de um sistema de exercícios orientados para o tratamento da História Local no nono ano.

■Avaliação da eficácia do sistema de exercício utilizando a variante pré-experimento.

A população seleccionada foi de 30 alunos do 9º ano do Centro Mixto: Delffn Moreno Vazquez".

Os métodos utilizados no desenvolvimento deste trabalho foram os seguintes: Métodos de nível teórico:

Lógica histórica: Permitiu conhecer as tendências históricas da aprendizagem da História de Cuba através do desenvolvimento da humanidade.

Indutivo-dedutivo: Foram feitas generalizações a partir do estudo específico da História de Cuba que permitiram o tratamento da História Local e a selecção dos exercícios do sistema: Foram analisados os princípios teóricos que permitiram sintetizar a base do sistema de exercícios para o tratamento da História Local nos alunos do nono ano e a interpretação dos dados obtidos através de métodos empíricos: Esta abordagem tornou possível estabelecer a interacção entre os elementos que compõem o sistema de exercícios.

Métodos e técnicas a nível empírico:

Observação: Permitiu observar o tratamento dado à História cubana e determinar as dificuldades apresentadas pelos alunos do nono ano sobre a História Local.

Análise documental: Foi utilizada para corroborar a informação sobre os elementos estabelecidos para o trabalho com História Local a partir da implementação do Programa e Orientações Metodológicas do tema História de Cuba no nono ano.

Análise do produto da actividade: **Foi** levada a cabo com o objectivo de determinar o grau de conhecimento sobre História Local que os alunos do nono ano têm.

Teste pedagógico: A sua aplicação permitiu conhecer a situação actual dos alunos do nono ano no que respeita ao tratamento da História Local, a fim de chegar a conclusões gerais.

Inquérito aos estudantes: Foi aplicado aos alunos do nono ano para avaliar o nível de conhecimentos relativos ao tratamento da História Local nos alunos do nono ano.

Método experimental: A concepção do pré-experimento permitiu validar praticamente o sistema de exercício.

Método estatístico matemático:

Cálculo da percentagem: Foi aplicado na selecção da amostra e no processamento dos dados obtidos através da vfa empfrica.

A novidade científica da investigação consiste na proposta de um sistema de exercícios integrativos, graduados por níveis de assimilação, interdisciplinares, contextualizados, para o tratamento da História Local no programa do sujeito no nono ano.

A contribuição prática reside no sistema de exercícios para o tratamento da História Local no nono ano.

A investigação está inserida no Projecto Territorial 11: As transformações do ensino secundário básico na província de Ciego de Ávila".

O trabalho está estruturado da seguinte forma: introdução, dois capítulos, conclusões, recomendações, bibliografia e anexos. O capítulo I trata dos antecedentes históricos e dos fundamentos teórico-metodológicos do processo ensino-aprendizagem da História cubana no nono ano e da caracterização do tratamento da História Local neste ano. O Capítulo II oferece o diagnóstico do nível alcançado pelos alunos no tratamento da História Local, o fundamento teórico do sistema de exercícios, a sua proposta e a avaliação dos resultados obtidos com a sua aplicação.

CAPÍTULO I. FUNDAMENTOS TEÓRICO-METODOLÓGICOS DO PROCESSO DE ENSINO-APRENDIZAGEM DA HISTÓRIA DE CUBA NO NONO ANO.

Este capítulo oferece os antecedentes históricos e os fundamentos teórico-metodológicos do processo de ensino-aprendizagem da História Cubana no nono ano e é exposta a caracterização do tratamento da História Local neste ano.

1.1 Antecedentes históricos do processo de ensino-aprendizagem da História cubana no nono ano.

Desde que a sociedade humana foi formada no processo de evolução, tem exercido uma influência educativa sobre o indivíduo. As crianças da comunidade primitiva foram educadas através da observação e da ligação ao grupo, foram educadas pela acção directa da comunidade. A História, que reúne desde a origem e evolução do próprio homem até cada uma das formações económicas e sociais, com as suas ideias, desejos, sofrimentos, lutas, valores morais, contradições e características; é o registo da longa memória da humanidade, com factos que transcendem geracionalmente, dando lições, descobrindo o contexto social nas diferentes etapas e lugares onde o homem viveu.No período colonial em Cuba, o ensino da História constituiu um meio de propaganda a favor dos interesses da Espanha, o que levou à formação de homens que assumiram a vida de forma passiva, a maioria deles incapazes de transformar a realidade em que viviam, mas alguns estimularam o pensamento e a tomada de posição para mudar a realidade circundante, exemplos deles: Elix Varela, José de la Luz y Caballero e José Martf. Neste período, o ensino da história foi estabelecido como disciplina curricular a partir de 1842, com o objectivo de centralizar a educação e liquidar as bases do movimento intelectual iluminado cubano e as manifestações independentistas que tiveram lugar no início do século XIX, foi um instrumento para justificar a colonização da ilha. Nesta fase, a história foi manipulada para responder ao governo que prevalecia na altura, uma vez que a principal responsabilidade recaía sobre a igreja, o que estava de acordo com a legislação espanhola. Os reitores e professores eram creoles envelhecidos, que ensinavam com diferentes orientações e critérios. A concepção educacional era hispano-escolástica, caracterizada pela repetição, memorização e irreflectida. Vários educadores cubanos compreenderam e utilizaram a história para formar valores e sentimentos de patriotismo que os levaram a amar e a defender a sua pátria. Um exemplo disto foi J. de la Luz y Caballero (1800- 1862) que defendeu o uso de um método explicativo" e propôs que no ensino da história o fundamental era extrair os traços morais que dela emanam, os quais deveriam ser ensinados desde tenra idade através de biografias de personalidades. Outros exemplos podem ser encontrados em élix Varela e no pensamento pedagógico avançado de José Martf. Nesta fase, havia desigualdade na educação, que oferecia oportunidades de aprendizagem apenas aos descendentes de espanhóis e proprietários crioulos que tinham meios para pagar os seus estudos, programados de acordo com as exigências do governo espanhol.Em 1898, a intervenção americana utilizou demagogicamente o terrível panorama da ilha para impor as suas concepções e projectos educativos. A Ordem Militar nº 226, a primeira lei escolar do período de ocupação, estabeleceu a História como parte do currículo, embora não incluísse o tema da História. A falta de uma graduação e dosagem adequadas dos conteúdos, uma deficiência que foi reiterada nas orientações posteriores do Manual para Professores, por volta de 1900. Ao ler estas orientações, a manipulação a que o ensino da nossa História foi sujeito é claramente observada, uma vez que:

1 Na ausência de uma História de Cuba sistematizada escrita pelos combatentes da independência cubana, os professores terão de recorrer a versões norte-americanas.

2 Foi indicado para reduzir na versão escolar da nossa História o estudo das Guerras da Independência e dar prioridade ao estudo da vida doméstica e da indústria em tempo de paz.

3 Foi orientada para ilustrar a história de Cuba com exemplos retirados da história dos Estados Unidos.

4 Os Estados Unidos foram apresentados como o nosso libertador, a quem devemos estar gratos.

5 O ensino da história cubana foi, nesta concepção curricular imperialista, uma espécie de história regional.

Durante o Período Neocolonial, o governo dos EUA utilizou todos os meios à sua disposição para americanizar os cubanos e fornecer uma versão manipulada dos factos históricos que se adequavam aos seus interesses e onde esta nação era apresentada como a salvadora de Cuba. A história cubana foi ensinada na escola primária. Os professores foram orientados a utilizar as versões reformista, espanhola e norte-americana porque não existia uma História de Cuba sistematizada, escrita pelos combatentes da independência cubana. O tempo dedicado ao estudo dos feitos e números da independência foi mínimo e, em geral, estava ligado a factos e personalidades da História dos Estados Unidos. a situação da educação com os governos interessados piorou. Os professores destes tempos não pagavam os juros devidos ao ensino da língua. O processo de ensino e aprendizagem do espanhol era feito por rote.O tema da História cubana não era uma prioridade pedagógica e no currículo alternava-se com um programa de História americana, o que favorecia a divulgação da História dos Estados Unidos. Como resultado da falta de interesse dos governos pela educação, em geral não houve mudanças substanciais no conteúdo dos programas e nenhuma preocupação pela divulgação da vida e obra de personalidades históricas. No entanto, desde os primeiros anos do século passado, surgiram personalidades eminentes, que como verdadeiros Martianos, se dedicaram ao estudo da vida e obra do Apóstolo; um exemplo disso foi a notável pedagoga Dulce Maria Escalona que, juntamente com professores e estudantes, criou livros para ler Martf.Nos anos trinta das disciplinas historiográficas destacaram-se Ramiro Guerra, Joaqufn Llaverfas, Gerardo Castellanos, Enrique Gay Calvo, Emilio Roig de Leuchsenring, e Max Henrfquez Urena. Destacaram-se Gerardo Castellanos, Enrique Gay Calvo, Emilio Roig de Leuchsenring, e Max Henrfquez Urena. Manuel Isidro Méndez e Gonzalo de Quesada y Miranda dedicaram-se aos estudos de Marti. Na década de quarenta, as cátedras e seminários de Marti surgiram em vários centros educativos do país, estendendo-se mesmo ao estrangeiro, no Uruguai vários professores e escritores fundaram um grupo para aprofundar na obra de José Martí. Na cidade de Ciego de Ávila, a 28 de Janeiro de 1940, foi inaugurada a biblioteca pública José Martf na rotunda de trânsito que leva o seu nome. Em pequenas comunidades como Tamarindo, município de Lorencia, no ano de dezanove e trinta, foi fundada a Sociedade José Martf. Cada 28 de

Janeiro realizava-se um desfile Martiano e os alunos das escolas públicas e privadas locais apresentavam números culturais em homenagem ao mestre. Isto tornou-se uma tradição local que foi enriquecida com novos valores da comunidade. No período neocolonial, em Cuba, estudaram a possibilidade de utilizar a educação para transformar a forma de pensar dos cubanos, iniciando-os numa nova concepção do mundo em relação aos seus interesses, que foi a base para a dominação da ilha. Utilizaram todos os meios para estabelecer o seu domínio absoluto sobre os cubanos e para fornecer uma versão manipulada dos factos históricos que se adequavam aos seus interesses e apresentaram esta nação como a salvadora de Cuba. No ensino secundário, os professores foram orientados a utilizar as versões reformista, espanhola e americana das escolas. O tempo dedicado ao estudo dos feitos da independência e das figuras históricas foi mínimo e estavam ligados a factos e personalidades da história dos Estados Unidos. A História de Cuba não constituía uma prioridade pedagógica e nos currículos alternava-se com um programa de História da América, o que favorecia a divulgação da história dos Estados Unidos. Havia desigualdade na educação, que oferecia oportunidades de aprendizagem apenas à burguesia e aos descendentes de crioulos que podiam pagar pelos seus estudos programados, de acordo com as exigências do governo vigente. Aqueles de baixo estatuto social foram proibidos de estudar e privados do direito de ocupar posições na ordem política, podendo assim utilizá-los e explorá-los sem se revoltarem. Com o triunfo da Revolução em 1959, ocorreram profundas mudanças quantitativas e qualitativas na educação; o velho aparelho burguês, burocrático e corrupto foi eliminado, os serviços educativos foram alargados a todo o povo e foi estabelecido um sistema livre através da nacionalização da educação. Um sistema de formação emergente e melhoramento científico-pedagógico do pessoal docente e a actualização de programas e planos de estudo foi empreendido, o que garantiu a presença da História cubana no ensino primário até 1975.Desde os primeiros dias do triunfo da Revolução, não só na esfera económica mas também na político-social, o sistema educativo é concebido e estruturado de acordo com as exigências do processo revolucionário, para que os estudantes sejam preparados a partir das diferentes tonalidades da História, fundamentalmente de Cuba, o que significa reformar valores, respeitando os heróis e mártires, ou seja, preparar o novo homem para o futuro, que será sem dúvida os continuadores do trabalho da Revolução e os defensores do socialismo em Cuba.O ensino da história passou a ocupar um lugar de destaque, respondendo aos interesses da pátria e do povo, desempenhando um papel importante na defesa da consciência nacional, das raízes patrióticas e das tradições. De facto, a história tornou-se um potencial político e ideológico na formação da personalidade comunista, dado pelo estudo das tradições patrióticas do povo, dos valores das personalidades mais relevantes e da rejeição do imperialismo como principal inimigo e da continuidade da Revolução. No processo ensino-aprendizagem da História cubana é vital compreender a instrução e a educação na unidade dialéctica, que é no seu sentido mais restrito, a formação de qualidades de personalidade. Ou seja, proporcionar aos estudantes oportunidades para pensar, tomar posições e tomar decisões no contexto social em que vivem. Autores proeminentes como C. Alvarez, (1996) e R. M. Alvarez, (1997) sublinham que um dos objectivos do ensino da história é preparar o estudante para poder organizar, dirigir e executar acções em benefício da sociedade. Qualquer tentativa de aproximar o que deve ser a cultura geral integral de um professor seria incompleta se a cultura histórica não fosse tida em conta como componente essencial da sua formação. Estudar e ensinar história é, acima de tudo, colocar esta disciplina no centro da tarefa pedagógica. No início dos anos 90, o ensino de história cubana foi declarado prioritário, tornando-se uma forma de reforçar o trabalho político-ideológico dos estudantes. A história como disciplina tem o objectivo de contribuir para a formação integral dos estudantes, através do ensino e aprendizagem dos seus conteúdos. As tarefas educativas de ensino desta disciplina são determinadas com base nas possibilidades da História como ciência, bem como na tarefa que a sociedade atribui à escola. Esta disciplina é uma forma de conhecer o passado, para o qual é essencial estudar o seu conteúdo em profundidade, adaptando-o a cada nível de ensino. A batalha pela qualidade do ensino da História cubana tem como elemento essencial o professor. Ele deve ser capaz de seguir um caminho de rigor científico na explicação dos acontecimentos históricos; sensibilizar os alunos com a proeza, os sacrifícios ou o desprendimento pessoal dos heróis da pátria; inculcar o amor às tradições patrióticas do povo; motivar a admiração pelas personalidades revolucionárias, na sua inter-relação harmoniosa com as aspirações populares; fazer vibrar com emoção o público quando este narra com todas as forças dos seus sentimentos, um facto histórico transcendente.O ensino da história cubana ao nível da escola primária passou a ocupar um lugar de destaque, respondendo aos interesses da pátria e do povo, e desempenhando um papel importante na defesa da consciência nacional, das raízes e das tradições patrióticas. De facto, a História tornou-se um potencial político e ideológico na formação da comunidade comunista, dado, entre outros factores, pelo estudo das tradições patrióticas do povo, os valores das personalidades mais relevantes e a rejeição dos governos imperialistas como principal inimigo e a continuidade da Revolução nos caminhos do socialismo.

A partir destes elementos são propiciadas as condições para desenvolver o amor pela Pátria, o respeito pelos heróis, o desejo de seguir os seus exemplos, o ódio ao imperialismo, a decisão de defender a Revolução Socialista, a confiança nos líderes da Revolução; forjar sentimentos e convicções de grande conotação na formação do homem integral, alcançando uma correcta formação de valores que permitiu o desenvolvimento da nova sociedade socialista. S. Martfnez (2001), de acordo com L. Guzman de Armas, (2001), entre as principais características que a classe de História cubana deveria ter na escola secundária básica estão:

■ A correcta determinação, formulação e orientação dos objectivos, bem como o seu controlo.

■ O nível científico da classe e a correspondência com o desenvolvimento da ciência histórica.

■ A direcção correcta da actividade cognitiva, o papel activo dos estudantes e a atenção às diferenças individuais.

■ A estrutura correcta da classe e a estreita relação entre as suas principais ligações.

■ O carácter de sistema das classes de História cubana.
■ Emocionalidade nas aulas de história.

No processo ensino-aprendizagem da História cubana no nono ano, a integração desta disciplina com os conteúdos das outras disciplinas da classe é fundamental, reforçando os valores da sociedade cubana actual, de grande importância com as transformações educativas actuais tendo em conta as necessidades do município, da província e do pafs. Este O tema é uma fonte para semear ideias nos estudantes, para explicar o que tem sido a história do povo e as razões da luta pela liberdade ao longo dos séculos. No seu ensino, o professor tem de ser adorado pelo coração dos estudantes se quiser ter impacto na sua formação humana, espiritual, patriótica e revolucionária.

As suas propostas educativas devem ser a expressão diária de uma cultura de diálogo. Este é o caminho da convicção, através da troca de argumentos, do raciocínio, da reflexão colectiva em unidade orgânica com os princípios que são defendidos e ensinados a defender. O mesmo acontece com os meios de ensino, incluindo as tecnologias mais avançadas, com a orientação do professor; porque só o professor conhece cada um dos seus alunos, só ele pode chegar às preocupações, preocupações e situação pessoal de cada um deles. É o professor, com a sua preparação, que pode tornar mais eficaz o uso dos meios audiovisuais modernos e conseguir uma atenção pedagógica diferenciada. Actualmente, este processo torna-se mais viável com as novas tecnologias, por exemplo, aulas em vídeo que através de dados, tabelas, imagens, permitem ao aluno conhecer o fenómeno histórico tal como aconteceu, juntamente com fragmentos de filmes, documentários didácticos e software que contribuem para aprofundar e consolidar o conteúdo da História. Tudo isto a partir de exposições científicas, através de documentos e fontes históricas, inserindo a História Local que permite ao aluno apropriar-se de experiências mais próximas, formar valores e preparar-se para a vida.

1.2 Fundamentos teórico-metodológicos do processo de ensino-aprendizagem da História cubana no nono ano.

O programa História de Cuba do nono ano, institucionalizado em 2004, oferece uma caracterização da disciplina segundo a qual o objectivo do processo ensino-aprendizagem da disciplina História de Cuba na actual escola secundária básica é o estudo da evolução económica, política, social e cultural da Pátria de uma forma abrangente para que o estudante possa compreender o processo de desenvolvimento da nacionalidade e da nação e, com base nisso, adquirir e desenvolver valores, modos de agir, e formas de desenvolver valores, modos de agir, e formas de desenvolver valores, evolução política, social e cultural da

Pátria de forma integral para que o estudante possa compreender o processo de desenvolvimento da nacionalidade e da nação e, com base nisso, adquirir e desenvolver valores, modos de agir, e uma cultura geral integral. Este documento tem um sistema de objectivos baseado nos objectivos formativos do ensino secundário inferior e um sistema de objectivos para cada uma das unidades, que são derivados dos objectivos gerais da disciplina. Contém orientações metodológicas que oferecem indicações e precisões sobre o desenvolvimento dos conteúdos do programa, as formas de ensino a utilizar, as bibliografias, as ajudas pedagógicas, assim como as competências a desenvolver.

Objectivos do tema no grau

1 Contribuir para a formação de uma cultura geral numa perspectiva histórica baseada no conhecimento dos factos, acontecimentos, processos e personalidades mais importantes da vida económica, política, social e artística do país.

2 Fomentar o desenvolvimento político e ideológico dos estudantes para que experimentem sentimentos de afecto e empenhamento na revolução e nas suas principais figuras, sentir uma profunda rejeição do capitalismo, e do imperialismo americano em particular, e reforçar o seu amor pela soberania e independência da pátria.

3 promover o desenvolvimento cívico e de cidadania dos estudantes, desenvolvendo valores como a modéstia, o altruísmo, a honestidade, a honestidade, a dignidade, a diligência, a tenacidade, a atitude crítica face ao mal, o espírito de sacrifício, bem como, formas de actuação características da sociedade em que vivem, caracterizadas pela identidade social, a responsabilidade cívica e a participação social.

4 Desenvolver competências com as fontes de conhecimentos históricos, políticos, geográficos e artísticos próprios ao grau.

5 Contribuir para a educação estética e o uso correcto da língua materna dos estudantes através da leitura, análise e compreensão de obras literárias cubanas onde a beleza de atitudes, sentimentos e palavras é apreciada através da abordagem a outras manifestações autênticas como a música, a pintura, a arquitectura e o cinema.

6 Localizar no tempo e no espaço os factos, processos, eventos, obras históricas e obras artísticas culturais objecto de estudo.

7 Ligando a história nacional à história local.

8 Demonstrar conhecimento das ideias de José Martf e idel Castro relacionadas com o conteúdo em estudo.

A ideia é que os estudantes do ensino secundário inferior, a partir da sua identidade pessoal, nacional e latino-americana, aprendam a defender o seu país e a humanidade, a aprender a sua posição na sociedade e a agir conscientemente. O ensino desta disciplina no nono ano tem de trabalhar para formar homens cuja estrutura de valores os faça revelar-se com terrível força contra aqueles que roubam ao povo a sua liberdade, aqueles que têm em si mesmos o decoro de muitos homens serão estes e não outros, os jovens que lutam pela sua plena liberdade. Este desafio implica, desde a concepção, um processo de aprendizagem da História cubana no nono ano que promove o desenvolvimento dos estudantes, no qual eles podem agir com consciência e estabelecer objectivos transformadores em vários contextos (escolar e extra-escolar), realizar acções eficazes de transformação e podem regular a sua actividade, envolvendo-se como sujeitos e também o grupo.Ou seja, formar cidadãos integrais, responsáveis, reflexivos, críticos, transformadores, capazes de escolher um projecto de vida; trata-se de formar neles os critérios de justiça e moralidade necessários ao novo homem que se prepara para a vida com uma atitude crítica e responsável, em sintonia com as necessidades de uma sociedade que luta pelo desenvolvimento e pela manutenção dos seus ideais e princípios, no meio de enormes dificuldades e desafios.O processo ensino-aprendizagem da História cubana no nono ano tem o aluno no seu centro e baseia-se num diagnóstico integral do aluno e do contexto em que se desenvolve; por conseguinte, trabalha com um sistema de conhecimentos e competências e uma estratégia específica da disciplina para a direcção do processo ensino-aprendizagem; é sobretudo uma educação patriótica, anti-imperialista e internacionalista, de educação político-ideológica, de formação de valores. Este processo ensino-aprendizagem tem um objectivo essencial: formar o homem do futuro de forma integral, que no sentido lato da palavra inclui, para além da sua instrução, uma educação baseada nas normas de comportamento, valores e conhecimentos da História de Cuba, que permite a aquisição de uma cultura geral integral, de acordo com os princípios e necessidades exigidos pelo momento histórico em que vivemos. Cuba em correspondência com estas exigências colocou nas mãos dos professores e alunos os meios necessários para complementar os programas de estudo, ligados às normas da escola socialista que é a que torna possível a formação integral do novo homem, tendo em conta a análise e o papel da História de Cuba no nono ano, como disciplina prioritária, para formar valores e alcançar a solidez do povo cubano. Os principais factos, acontecimentos e processos em estudo nas suas ligações e concatenações, bem como as personalidades, constituem conteúdos da mais alta prioridade, permitindo o desenvolvimento de sentimentos de admiração e solidariedade para com aqueles que lutaram pela justiça social e rejeitaram e condenaram todas as formas de exploração.O conhecimento manifesta-se através das competências e não pode ser feito de qualquer outra forma. Com o qual podem aplicar, recordar e reproduzir o que podem exemplificar, demonstrar e argumentar, o que permite na actividade permitir aos estudantes uma melhor assimilação do conhecimento e o que é ainda mais importante, prepará-los para enfrentar novas informações, procurar o necessário e adquirir novos conhecimentos por si próprios.Neste processo, não só tem lugar a comunicação de factos históricos na sua essência cronológica, mas também a análise da essência destes factos e a sua generalização. O conhecimento de novos factos históricos pelo aluno pressupõe não só a explicação das relações causais entre eles, mas também a inclusão dos factos no sistema de apresentações e conceitos que o aluno já possui. Para isso é necessário que eles, sob a orientação do professor, tomem consciência das relações objectivas existentes entre os novos fenómenos e os que conheciam antes, que estabeleçam as características de semelhança e diferença, clarifiquem os elementos essenciais do novo fenómeno, as suas características típicas e individuais.Por esta razão, requer requisitos psicopedagógicos e sociológicos e um condicionamento histórico. Actualmente, em Cuba, existem as condições necessárias para alcançar uma educação qualitativamente superior a uma escala maciça. O resultado aspirado na aprendizagem é eficientemente alcançado, se juntamente com os conhecimentos e como processos necessários para os adquirir solidamente, forem formadas e desenvolvidas as capacidades intelectuais e capacidades dos estudantes que são fundamentais para a independência cognitiva disto; tais como: a observação, a descrição, a explicação, a análise lógica, a classificação, a comparação, a síntese, a generalização, a modelação. Os professores devem ter em mente o acima exposto, a fim de decidir a orientação que devem dar ao ensino, para que a aprendizagem seja a mais adequada.Neste tema queremos contribuir para a formação de uma cultura geral integral com as perspectivas oferecidas pelo conteúdo histórico desde a Comunidade Primitiva até à Revolução no poder, formando nos estudantes sentimentos de afecto e compromisso com a Revolução, rejeição do capitalismo e do imperialismo ianque e reforçando o seu amor pela pátria, reforçando valores como: modéstia, honestidade, dignidade, altruísmo, responsabilidade, contribuindo também para a sua educação político-ideológica, ao mesmo tempo que desenvolvem competências no trabalho com fontes de conhecimento e na educação estética e artística.Existe um conceito tradicional de aprendizagem, em que o professor desempenha o papel principal no processo educativo, uma vez que transmite aos alunos os conhecimentos elaborados. A aprendizagem é então fraca e limitada; o máximo que se consegue, neste caso, é a memorização mecânica. Também não existe qualquer aprendizagem real no trabalho prático quando este se torna rotineiro. O estudante aprende através da investigação e da aquisição de conhecimentos por si próprio; é importante que ele se torne o agente da sua própria aprendizagem. J. A. Chavez, (1992). Os principais educadores do século passado perceberam que a actividade é necessária no processo de aprendizagem: J. de la Luz, (1892), expressou: Não é possível julgar até onde os estudantes irão, quando a cada passo que dão, os seus processos são obra das suas mãos; os obstáculos desaparecem como por encanto, quando o dedo do professor toca as mãos do estudante, e as mãos do estudante são obra das mãos do professor. a experiência ensina-lhes a cada momento as conquistas que alcançam por si próprios". O autor concorda com este grande pedagogo porque para medir o grau de conhecimento que os estudantes possuem, só é possível, se for possível verificar sistematicamente os resultados alcançados por eles, a força do seu interesse e capacidade de pôr em prática a teoria e as suas experiências, bem como de levar por diante as suas ideias e realizações alcançadas por eles próprios para alcançarem o seu próprio futuro.É por isso que é tão importante o conhecimento e a aprendizagem que o homem possui sobre a sua ideologia, a sua profundidade de referir qualquer facto ou situação deve ser convincente. Isto pode ser possível com uma educação profunda e convencional, que impede o homem de se encontrar impreciso, precipitado, propenso a afirmar ou negar qualquer caso sem o examinar, e apenas porque lhes é dito cheio de nomenclaturas vagas, sem compreender uma palavra do mesmo; tão acostumados à ordem mecânica de repetir por rote sem prestar atenção a nada do que diz, que custa imenso trabalho fazê-los compreender, e encontram-se numa região absolutamente desconhecida, quando lhes é manifestado que toda esta rotina é desprezível e que não deram um passo na sua aprendizagem.Tal aprendizagem não fomenta o desenvolvimento intelectual dos estudantes, mas transforma-os em seres mecânicos e dependentes, incapazes de pensar, raciocinar, dar a sua opinião e tomar partido em qualquer situação. Deve ser ensinada através da análise, aprofundamento, compreensão, expressão livre e espontânea de pensamentos e ideias, a fim de criar homens novos, cultos, capazes de realizar qualquer tarefa e de assumir a dedicação apropriada em qualquer situação.

As coisas não devem ser estudadas nos sistemas que as dirigem; mas na forma como são aplicadas nos resultados que produzem". J. Martf, (1886). Esta frase conduz a um conceito amplo desta esfera de actividade que visa adquirir novos conhecimentos sobre a natureza, sociedade e pensamento, incluindo todas as condições e elementos necessários para eles. A História de Cuba no nono ano analisa os acontecimentos por que passou a humanidade, estuda como estes acontecimentos ocorreram nas diferentes regiões do mundo, aprende como tem sido a vida das pessoas desde as suas origens, a sua formação e evolução, os seus costumes e tradições. Estuda a vida de muitos homens e mulheres que contribuíram para o desenvolvimento do país. Sentimos a necessidade de seguir o seu exemplo de honestidade, abnegação, coragem e simplicidade que legaram a todos. O conhecimento deste assunto no nono ano permite-nos apreciar que a rebeldia, a intransigência revolucionária, o patriotismo, o internacionalismo, que caracterizam os cubanos, têm raízes profundas que foram sendo reforçadas ao longo do tempo, razão pela qual são tesouros preciosos que devem ser preservados e enriquecidos cada vez mais a cada dia. Quanto mais se conhece e estuda a História de Cuba, mais se ama a Pátria e se está em melhores condições para a defender e lutar por ela. Actualmente, uma forte barreira para a assimilação consistente do conteúdo histórico é a desmotivação da maioria dos estudantes para esta ciência, originando ligações no presente e nas projecções sociais futuras e, fundamentalmente, para transformar o estudante num receptor de informação, de interpretações lineares feitas pelo professor, sem uma correcta contextualização dos conflitos próprios da evolução histórica, onde a interpretação individual de cada um não encontra espaço.Perante o desafio de um mundo que evolui cada vez mais, caracterizado por crescentes desigualdades, egoísmos, injustiças e mesmo negócios, é necessário que o processo ensino-aprendizagem da história cubana (devido ao potencial dos seus conteúdos), contribua para uma educação para a vida, com um sentido mais integral, onde o núcleo desta formação é a riqueza moral, o amor pelo humano, pela vida, pela Pátria.A História de Cuba no nono ano deveria cultivar uma devoção sincera, amor e respeito pelos valores nacionais e pelos das nações irmãs da América e do mundo. Juntamente com os critérios de liberdade e soberania, deveria fomentar a disciplina, a solidariedade, a justiça social e conseguir uma preparação da escola para uma democracia bem compreendida e bem sentida. A liberdade implica acima de tudo responsabilidade pessoal e respeito pela dignidade humana.

Por conseguinte, o processo de ensino-aprendizagem da matéria nesta nota deve funcionar para formar homens. Este desafio implica; desde a concepção, uma aprendizagem da História no nono ano que promova o desenvolvimento dos alunos, onde estes possam agir com consciência e estabelecer-se objectivos transformadores em diversos contextos (escolar e extra-escolar), onde executem acções eficazes de transformação e que possam regular a sua actividade, envolvendo-se como sujeitos e também o grupo. A participação como necessidade humana favorece a realização pessoal, bem como permite ao aluno tomar consciência de si próprio, do seu lugar na sociedade e do mundo que o rodeia. É possível desenvolver a capacidade do estudante de se compreender a si próprio e à realidade histórico-social da qual é produto e produtor, como sujeito sócio-histórico. É para conseguir que o processo de ensino-aprendizagem da História contribua para alcançar um conteúdo real nos ideais humanos e que ao internalizá-los se torne uma orientação para a acção prática; é para criar as condições para os fortalecer na defesa da Pátria e da humanidade. A. Blanco (2000). Para alcançar esta formação humanista e desenvolver o mundo espiritual do estudante, não basta modificar o conteúdo do ensino da História cubana no nono ano; é necessário transformar o acto educativo num processo democrático, onde a comunicação e o protagonismo são a pedra angular da aprendizagem. O protagonismo só será alcançado quando o aluno agir conscientemente sobre a realidade, com um sentido de transformação. Os professores devem, na sua estratégia formativa, conduzir os alunos para aquelas respostas que os ajudam a obter conhecimentos científicos e lhes dão a possibilidade de compreender o seu tempo e o sentido da vida. Devem descobrir perante eles como a criação, o trabalho e a responsabilidade na conservação do ambiente natural os tornam mais humanos. Contudo, este protagonismo, que é um indicador essencial do novo homem, ainda não atingiu o nível exigido, tanto em actividades educativas como extra-educacionais. A capacidade de comunicar deve ser desenvolvida em duas direcções: saber expressar o que se sente e pensa, mas também saber compreender os pensamentos e sentimentos dos outros. Para responder a esta exigência imperativa do mundo actual, os professores devem banir o autoritarismo e alcançar um processo formativo onde o aluno vive, sente e pensa sistematicamente em todas as actividades, especialmente na sala de aula. Esta relação significa que todas as interacções que ocorrem na escola são caracterizadas pelo respeito, compreensão, compromisso e amor. A política educacional cubana nos últimos anos tem sido orientada para educar cidadãos com uma cultura geral abrangente e com um pensamento humanista, científico e criativo que lhes permite adaptar-se às transformações, às mudanças de contextos e resolver problemas durante o processo ensino-aprendizagem que os prepara para a vida, com uma atitude crítica e responsável, em sintonia com as necessidades de uma sociedade.que luta para desenvolver e manter os seus ideais e princípios no meio de enormes dificuldades e desafios. Os professores devem ter domínio das prioridades dos objectivos e conteúdos e consequentemente garantir o domínio do livro didáctico da nota, dos textos da Marti com ênfase naqueles que respondem à necessidade do programa da nota, do sistema de aulas em vídeo e do conteúdo do software da matéria que propiciam a direcção da aprendizagem, incluindo tudo o que pode ser absorvido dos conselhos da nota e dos preparativos metodológicos.

Contribuir para a realização de um processo adequado de ensino-aprendizagem é chamado a ensinar os estudantes; a reforçar o seu desenvolvimento intelectual, a alcançar a solidez dos conhecimentos e a armá-los para a busca de novos conhecimentos com capacidade criativa, em sintonia com a preparação para a vida. Plano de acção para o reforço da educação histórica (IX Seminário Nacional para Educadores):

1 Dar prioridade ao trabalho com o livro de história e a orientação dos trabalhos de casa.

2 Ligar os textos Martf e idel que têm sido orientados para o ensino da história em cada nível de ensino.

3 Reforçar o trabalho com os conteúdos relacionados com as características e o impacto na conformação da cultura e identidade cubanas.

4 Assegurar que todos os programas de história a todos os níveis tenham integrado sistemas de conhecimento de história local.

5 Garantir na auto-preparação dos professores e professores que ensinam História cubana a presença de quatro eixos fundamentais:

1 O carácter histórico da atitude e das intenções dos círculos de poder

O carácter histórico da atitude do povo cubano e das suas figuras representativas no confronto com estas intenções e acções ao longo da história. O carácter histórico da atitude do povo cubano e das suas figuras representativas no confronto com estas intenções e acções ao longo da história.

2 A Revolução Cubana tem sido uma revolução única desde 1968 até aos dias de hoje. A continuidade histórica do processo revolucionário cubano.

3 Que unidade, ou falta dela, tem significado ao longo das lutas do povo cubano pela independência e revolução social.

4 O socialismo como uma necessidade histórica e o papel desempenhado na luta pela sua realização pela liderança revolucionária, em particular a do camarada idel.

A batalha pela qualidade do ensino da história tem o professor como elemento essencial. Ele deve ser capaz de seguir um caminho de rigor científico na explicação dos acontecimentos históricos; sensibilizar os estudantes para as façanhas, sacrifícios ou desprendimento pessoal dos heróis da pátria; inculcar o amor pelas tradições patrióticas do nosso povo; motivar a admiração pelas personalidades revolucionárias, na sua inter-relação harmoniosa com as tradições patrióticas do nosso povo; motivar a admiração pelas personalidades revolucionárias, na sua inter-relação harmoniosa com as aspirações populares; fazer vibrar com emoção o público quando este narra com todas as forças dos seus sentimentos, um facto histórico transcendente.

1.3 Caracterização da História Local a partir do processo de ensino-aprendizagem da História cubana no nono ano.

 aqueles de nós que são realmente chamados e têm de ser os mais interessados em divulgar esta história, em conhecer esta história, em conhecer as suas raízes, em divulgar estas verdades, são os revolucionários". Castro, (1999). Tendo em consideração o acima exposto, é possível determinar a importância de conhecer a História de Cuba para fortalecer o amor à Pátria e aos seus heróis; mas é necessário estudar a História Local, para que os factos ocorridos na localidade onde se vive sejam tomados como ponto de partida e, desta forma, inseri-los na História de Cuba.No município de Lorencia, antes do triunfo da revolução, não foi desenvolvido um trabalho com a História Local. Depois de 1 de Janeiro de 1959, uma série de pessoas, desde a Comunidade primitiva até à Revolução no poder, impuseram a si próprias a tarefa de recolher a história do município. A sua investigação concluiu na realização do Trabalho Científico: "Lorencia, its history"; que é utilizado nas escolas do município para ensinar os conteúdos da História de Cuba ligados à História Local.La Obra Cientffica: lorencia, su historia"; constitui um documento histórico de valor inestimável, pois nele são recolhidos os principais factos históricos ocorridos no município nas diferentes etapas e nos quatro Conselhos Populares, para além dos acontecimentos económicos, sociais e culturais. É também feita referência aos mártires do concelho.Actualmente, a história local é considerada como uma alternativa importante para o desenvolvimento da história. Este novo boom nos estudos locais é condicionado pelo desejo de alcançar uma história global ou total, no calor das experiências interdisciplinares. Daí a necessidade de analisar o contexto em que o local está inserido e de desvendar a essência do fenómeno, ou seja, de realizar estudos com rigor científico que não se limitem ao estudo de factos e figuras históricas do local, mas que possibilitem uma maior aproximação às famílias, ao indivíduo, e que, por sua vez, sejam capazes de compreender o que acontece numa sociedade, num país e numa cultura.A História de Cuba como disciplina do nono ano visa formar o homem do futuro de forma integrada e os seus objectivos gerais incluem as seguintes aspirações: que os seus alunos conheçam os aspectos essenciais da história nacional e local e se sintam estimulados a estudá-la em profundidade. Os eventos históricos, fenómenos e processos que são abordados na disciplina são concebidos para fornecer aos alunos representações históricas concretas, daí a abundância de anedotas, descrições e histórias.O ensino desta disciplina deve ser capaz de revelar em cada aula a moralidade histórica do povo, dos seus heróis; de valorizar as figuras e os factos históricos em que participaram, pelos quais devem conhecer as suas acções, ideais e o contexto em que desenvolveram o seu trabalho, mas nas suas características mais próximas da própria vida do aluno, da sua conduta diária.o professor deve planear a preparação das suas aulas tendo em conta as características psicopedagógicas dos seus alunos e as do território em que a escola está situada. No entanto, o professor nem sempre valoriza o lugar hierárquico ocupado pelo conhecimento da história local da sua localidade. O mesmo acontece quando não especificam que conteúdos podem facilitar a integração com outras disciplinas e o seu potencial para a formação de valores morais nos alunos. No ano lectivo 2010-2011, a Direcção Municipal de Educação do município de Lorencia desenvolveu um Programa de História Local para o nono ano com o objectivo geral de ligar o conhecimento histórico local à história nacional, a fim de aumentar a eficácia da aprendizagem dos alunos e influenciar positivamente a formação de sentimentos de amor pela pátria, formas de pensar e agir, e comportamento de acordo com os ideais da Revolução. Este programa tem condições para ligar os conteúdos do programa de História Cubana do nono ano à História Local, uma vez que existe um museu no município com diferentes salas correspondentes a cada etapa, um centro de combatentes com uma sala de história, lugares históricos, tarjas, também existem combatentes da Revolução Cubana e internacionalistas cujos testemunhos constituem fontes indispensáveis para o tratamento da História Local. Este programa inclui uma análise da distribuição das horas do programa de História Cubana do nono ano e aquelas que são propostas para serem ligadas à história local (ver anexo 3).

A implementação deste programa requer o interesse dos alunos pela história, e depende também da medida em que o professor atinge uma compreensão histórica dos factos históricos, uma vez que estes são irrepetíveis. É necessário alcançar o sensível e o concreto nas noções históricas. Todas as aulas de História de Cuba, sempre que possível, devem estar ligadas à localidade.A auto-preparação do professor de História de Cuba para o trabalho com o museu é uma das principais tarefas que ele pode desenvolver; ao mesmo tempo, ele correlaciona-a com as unidades do programa do nono ano, para determinar em que temas ele tem um apoio para o conhecimento da História Local. O estudo de livros de texto, livros de história, biografias, monografias, documentos, orientações metodológicas e outras fontes de conhecimento histórico e pedagógico é essencial para fomentar o conhecimento e as competências. A História Local constitui um meio pedagógico para desenvolver motivos de estudo (interesses cognitivos) para a História de Cuba. O museu local não deve ser visto simplesmente como um repositório de peças que se destacam pelas suas características externas; é um lugar povoado não só de objectos históricos, mas também de significado histórico, ideológico, político, moral, cultural, em essências humanas". H. Dfaz, (1998). De acordo com o acima exposto, o autor acredita que o museu é uma fonte de valor histórico nacional onde o professor deve vê-lo como um processo de preparação para a actividade docente. O conteúdo do museu não é uma simples visita de familiarização; deve ser visitado com atenção, paciência e observação cuidadosa. É uma questão de estudar cada peça e o seu ambiente, de tomar notas, de fazer um inventário para investigar, de pedir ajuda aos museólogos ou outros investigadores da instituição. O museu desempenha um papel fundamental no conhecimento da História Local, uma vez que através dele os estudantes entram em contacto com os meios de comunicação originais que são eles próprios fontes directas de conhecimento histórico. Trabalhar com o museu é uma tarefa criativa. Existem múltiplas e diversas alternativas para o uso do museu no processo de ensino-aprendizagem da história. Entre aquelas que demonstraram a sua eficácia na prática, podem ser sugeridas as seguintes:

■ Visita guiada ou guiada.

■ O trabalho independente do estudante, apoiado pelo guia de observação.

■ A ligação das actividades que têm lugar no museu com a turma que tem lugar na escola. H. Dfaz, (1998).

Estão planeadas visitas orientadas ou guiadas com organização prévia entre a escola e o museu, criando condições óptimas para os estudantes desenvolverem este conhecimento enquanto observam os objectos e outros recursos visuais que compõem a colecção do museu. Além disso, os estudantes devem ser encorajados a pensar, fazer perguntas e trocar com o seu professor e uns com os outros enquanto observam e ouvem. A visita guiada também pode ser combinada com a troca de ideias entre os estudantes, a fim de os habituar a ouvir uns aos outros. outros com respeito: para ensinar que ninguém é o dono absoluto do conhecimento; mas que muito pode ser feito escutando-se uns aos outros, o professor que tem a missão de educar não perderá a oportunidade que o diálogo forja para despertar a cultura, então ele pode verificar se os estudantes compreenderam o que foi observado e explicado.A alternativa do trabalho independente do aluno apoiado pelo guia de observação tem a vantagem de cada aluno ir ao museu com mais independência e leva o tempo que necessita para trabalhar com as fontes históricas; relacionadas com o guia de observação ou guia de trabalho, em que o aluno se apoia. O gufa de observação é a presença invisível do professor, o caminho indicado a ser seguido por um gufa de actividades que complementam o que é observado.H. Leal, (2000) afirmou: A observação é a percepção voluntária, premeditada e planeada de objectos e fenómenos do mundo circundante. É uma forma activa de conhecimento da realidade que é percebida através dos sentidos e que é denominada com a palavra. A qualidade da observação depende, acima de tudo, da precisão e clareza com que a tarefa é definida. O que deve ser observado". O autor concorda com o critério acima, uma vez que a observação é a forma de perceber claramente o que o professor formulou através de actividades ou tarefas a realizar. Ajuda o aluno no conhecimento da História Local, permite a aproximação à investigação, ou seja, à procura activa; desenvolver uma relação afectiva a partir da coisa mais próxima e o que para o aluno tem um significado, um valor.A ligação das actividades que se realizam no museu com a turma que tem lugar na escola depende, em grande medida, do trabalho de investigação do aluno, realizado independentemente com as fontes do museu, através da exposição dos resultados. O professor será o fio condutor, o facilitador, com intervenções oportunas para apontar os aspectos fundamentais do conteúdo que devem ser claros e precisos para todos os estudantes. É válido considerar que o museu faz parte de uma concepção do ensino da história que se desenvolve, favorece a cultura do diálogo, a formação de valores, que harmoniza o cognitivo, o afectivo e tem em conta a pluralidade de métodos e meios onde o estudante vê à sua volta como os progressos históricos ou fenómenos estudados se manifestam, se materializam e influenciam a sua própria vida. Com este conhecimento aprendem a valorizar a actividade do homem, tanto individual como socialmente. O estudante precisa, em primeiro lugar, de ser capaz de formar representações correctas a partir das quais possa ascender a uma análise mais complexa. Por conseguinte, é necessário consolidar um ensino de História cubana que propicie ao aluno: o conhecimento dos factos históricos, das personagens, das datas e dos costumes. Os professores têm a missão de ensinar o caminho do essencial para fazer emergir o essencial da História: o informativo, o anedótico, o histórico, o que se passa à sua volta, para que o aluno possa formar representações correctas a partir das quais possa passar a uma análise mais complexa. Além disso, as características do programa de História cubana e as particularidades dos estudantes a este nível exigem uma classe emocional, cheia de vida e calor, capaz de criar imagens vívidas e correctas de acontecimentos históricos e personalidades na mente dos estudantes, que despertem sentimentos profundos de amor e respeito pela pátria, bem como a rejeição daqueles que tentam, de uma forma ou de outra, minar a sua soberania. Os investigadores cubanos contemporâneos, tais como: H. Leal, (1991) refere isso: A selecção do conteúdo da História Local, na maioria dos casos, não é realizada adequadamente porque não são tidos em conta os requisitos indispensáveis para um conhecimento metodológico, coerente e organizado deste aspecto, o que leva os estudantes a compreender o facto histórico local isoladamente, não integrado no desenvolvimento histórico nacional.O autor concorda com o problema colocado, uma vez que é necessário melhorar a forma de actuação dos professores da escola secundária básica, para tornar possível um conhecimento metodológico eficaz da História Local através da disciplina História de Cuba. O professor tem de assegurar, através da História Local, a ligação dos conteúdos de aprendizagem com a prática social, utilizando as experiências dos alunos, a sua realidade cultural, social e política mais próxima. Actualmente, o professor, na sua maioria, exclui das suas aulas os conteúdos de História Local, uma vez que não tem pleno domínio da metodologia que deveria utilizar para reforçar o conhecimento destes conteúdos. No livro "Apuntes para el primer método de la ensenanza de Historia Local", do autor W. Acebo, (1991), os critérios a ter em conta para seleccionar o conteúdo histórico local são os seguintes:

■Os eventos locais devem ser rigorosos e historicamente científicos.

■Os eventos históricos locais e as personalidades devem ser seleccionados de acordo com o seu significado.

■As figuras históricas seleccionadas devem ser as que mais contribuem para a mudança na sociedade científica: artistas, pensadores, lutadores e patriotas.

Quando isto acontece, os estudantes têm a oportunidade de aprender como a sua localidade contribuiu de forma decisiva para a história nacional. Este processo de assimilação é um processo único através do qual o aluno transita para uma assimilação do conteúdo pedagógico integrado por: motivação, orientação, compreensão, domínio, sistematização e avaliação. R.M. Alvarez, (1993).

Em repetidas ocasiões, o professor menciona o facto histórico local, sem coordenação e organização prévias no âmbito das actividades de ensino que traz concebidas para a sua turma de História de Cuba. Posteriormente, orienta um trabalho prático a recolher no final da unidade objecto de estudo, sem uma base de orientação correcta uma vez que não faz parte da estrutura da turma daquele dia, tornando-se assim uma cópia de um certo documento histórico local, assumindo um carácter eminentemente reprodutivo e inútil para o desenvolvimento intelectual e investigativo do aluno. O professor precisa de ser treinado metodologicamente para enfrentar tais conhecimentos, em teoria e na prática, para que possa fazer um uso racional e adequado desses materiais disponíveis para a realização de um estudo profundo e científico da História Local, que ocorreu no ambiente territorial ou regional, produto da evolução histórica nacional. O. Rodriguez, (2004).

O sistema de objectivos prosseguidos no nono grau relacionados com a História Local são:

■ Expressar sentimentos de amor pelo país: A Revolução e os seus símbolos, bem como admiração e respeito por heróis, mártires, líderes e pessoas relevantes da comunidade.

■ Caracterizar e valorizar: Os factos e figuras históricas do pafs e da comunidade, nas fases históricas estudadas.

Para o conhecimento da História Local, nenhum objectivo específico é concebido; o conteúdo histórico local é abordado no objectivo que o professor selecciona para a sua aula de História Cubana. Este aspecto é muito importante, uma vez que na maioria dos casos o professor desenvolve um objectivo distinto daquele que preparou para a aula, o que altera a própria estrutura da aula. O conteúdo histórico local não pode ser visto isoladamente do conteúdo histórico nacional, mas como parte do mesmo.

Por este motivo, H. Leal, (2000) expressou isso: ( ) para alcançar uma atmosfera emocional na aula de História é indispensável que o professor possua um amplo domínio do conhecimento histórico; que procure constantemente, em diferentes fontes de conhecimento, dados, anedotas, fragmentos de documentos históricos, ( ) que contribuam para dar vida aos factos históricos; que utilize diferentes meios pedagógicos que favoreçam a criação de imagens históricas correctas...".

O autor concorda com o que foi expresso acima, uma vez que a melhoria do trabalho ensino-educativo, como parte do mesmo o ensino da História de Cuba, tem tido uma grande importância nas experiências avançadas na prática escolar de um professor ou grupo pedagógico; aqueles que com espírito investigativo e criativo têm mantido a busca constante de novas e mais eficazes formas que enriquecem o duplo compromisso dos professores cubanos, que neste momento o trabalho de investigação histórica é obrigado a rectificar, colocando a história da localidade no lugar que lhe corresponde verdadeiramente.

CONCLUSÕES DO CAPÍTULO I

No processo de ensino-aprendizagem da História cubana, os estudantes devem ser motivados pelos novos conhecimentos, devem investigar, criticar, reflectir, e não estudar o conteúdo histórico de forma reprodutiva, sem penetrar nos seus valores, virtudes e defeitos. Neste aspecto, a História Local tem múltiplas potencialidades, porque através do seu estudo o estudante sabe como a sua localidade fez parte daquele facto histórico que estudou na aula de História de Cuba.

CAPÍTULO II SISTEMA DE EXERCÍCIOS PARA O TRATAMENTO DA HISTÓRIA LOCAL NO NONO ANO.

Este capítulo apresenta os resultados do nível alcançado pelos estudantes no tratamento da História Local, os fundamentos teóricos do sistema de exercício, a proposta do sistema de exercício e a avaliação dos resultados obtidos com a sua aplicação.

2.1 Diagnóstico da situação actual do tratamento da História Local nos alunos do nono ano.

Para a realização do diagnóstico, foram aplicados métodos empíricos, tais como: o guia de observação em sala de aula, a análise de documentos normativos e o teste pedagógico, para determinar a situação actual do tratamento da História Local nos alunos do nono ano.Ao aplicar o **guia de observação em sala de aula** (Anexo 1) para observar o tratamento dado à História Cubana e para determinar as dificuldades apresentadas pelos alunos do nono ano em História Local, verificou-se que de um total de 30 alunos (100%), 16 alunos (53,3%) dominam alguns dos conteúdos históricos locais, que demonstram através do conhecimento de vários factos e personalidades históricas locais. 25 estudantes (83,3%) têm deficiências no domínio do tempo e do espaço em que os acontecimentos históricos têm lugar. Observou-se que as actividades projectadas na aula de História Cubana, na sua maioria, não tornam possível a relação com a História Local, uma vez que o conteúdo da História Local é utilizado como exemplo e torna-se mais uma peça de informação da aula, pelo que se observa a desmotivação dos alunos ao realizarem os exercícios que lhes são orientados sobre História Local. No entanto, observa-se que alguns deles demonstram interesse em expandir os seus conhecimentos de História Local e vontade, em alguns casos, de pôr em prática os conhecimentos de História Local. Uma análise cuidadosa dos dados e das deficiências apresentadas leva a concluir que a maioria dos estudantes tem limitações no domínio dos conteúdos históricos locais: factos e personalidades históricas locais e o tempo e espaço em que os factos históricos têm lugar. A maioria deles tem dificuldade em realizar os exercícios orientados para eles sobre História Local devido à sua falta de conhecimentos sobre o assunto e alguns deles demonstram interesse em expandir os seus conhecimentos sobre História Local e vontade de os pôr em prática.

A **análise de documentos normativos** (anexo 2) foi realizada com o objectivo de verificar o cumprimento do tratamento metodológico estabelecido para as aulas de História Cubana no nono ano, especificamente para o trabalho com História Local. Através desta técnica, foi corroborado que o Programa de História Cubana do nono ano, institucionalizado em 2004, tem objectivos e conteúdos que visam a valorização dos factos históricos, heróis e mártires do processo histórico cubano, que são trabalhados de forma geral nas etapas estudadas. Nas Orientações Metodológicas da História Cubana, descobriu-se que existem formas de contribuir para o conhecimento da História Local. No planeamento das aulas, são tidos em conta os métodos e procedimentos apropriados para o ensino da História Cubana, propostos no Programa e nas Orientações Metodológicas. Além disso, os exercícios planeados para o tratamento da História Local são limitados e o trabalho com os conteúdos da História Local carece de sistematização. Ao consultar o Trabalho Científico: "Lorencia, a sua história", documento histórico de valor inestimável, uma vez que contém os principais acontecimentos históricos que tiveram lugar no município nas diferentes etapas, para além dos acontecimentos económicos, sociais e culturais, constata-se que existem conteúdos com um elevado nível de complexidade na assimilação do conhecimento. No manual de História do nono ano, não são propostos exercícios relacionados com a História Local, e não existe qualquer exercício ou livro de exercícios complementares para o tema. Com a análise de documentos normativos, concluiu-se que as propostas para o tratamento da História Local são ainda limitadas, apesar de existirem alguns documentos elaborados na localidade que constituem fontes bibliográficas inestimáveis. Posteriormente, foi realizada uma verificação de conhecimentos (Anexo 4) com o objectivo de verificar a situação actual dos alunos do nono ano no que diz respeito ao tratamento da História Local. Os resultados são os seguintes: de um total de 30 estudantes (100%), 66,6% (20 estudantes) declararam que as suas ferramentas de trabalho eram rústicas, feitas de pedra e paus, e 33,3% (10 estudantes) declararam apenas que eram rústicas. 63,3% (19 estudantes) afirmaram que partilhavam o produto do seu trabalho de forma igual e 36,6% (11 estudantes) não responderam à pergunta. Quanto ao tipo de propriedade, 56,6% (17 estudantes) afirmaram ser colectiva em relação aos meios de produção e 43,3% (13 estudantes) não responderam à pergunta. Ao determinar o nível de conhecimento das actividades económicas fundamentais do século XV ao século XIX, os resultados são os seguintes: 50% (15 estudantes) conhecem as actividades económicas fundamentais da colónia, enquanto que 50% (15 estudantes) não as conhecem. Ao determinar o seu conhecimento do início das lutas pela independência na região, 73,3% (22 estudantes) conhecem-no, enquanto que 26,6% (8 estudantes) não o conhecem.A análise avaliativa deste instrumento empírico permitiu deduzir que alguns estudantes apresentaram competências limitadas em termos do seu conhecimento dos primeiros colonos da Iorência. A média do grupo reflecte limitações em termos das actividades económicas fundamentais realizadas em Iorência nos séculos XV a XVII e a maioria deles desconhece os exemplos de patriotismo na região. Como resultado do diagnóstico, verificou-se que existem potenciais e limitações no conhecimento da história local por parte dos alunos do nono ano.

Potencial:
■Alguns mostram interesse em expandir o seu conhecimento da história local e vontade de a pôr em prática.

■Há no município um material mimeografado com o trabalho científico da localidade.

Além disso, foram detectadas as seguintes dificuldades:
■Os estudantes têm pouco conhecimento do conteúdo histórico local: factos históricos locais e personalidades.

■Têm um domínio limitado da localização cronológica de acontecimentos históricos significativos na sua localidade.

■Os exercícios orientados para o tratamento da História Local são limitados e o trabalho com o conteúdo deste tema carece de sistemática.

■As actividades que são projectadas na aula de História de Cuba, na sua maioria, não tornam possível a relação com a História Local, o que torna difícil para os alunos a realização dos exercícios que lhes são orientados sobre História Local.

▪Sentem-se desmotivados quando fazem os exercícios que lhes são orientados sobre História Local, devido à sua falta de conhecimento sobre o assunto.

▪Na maior parte das vezes, o conteúdo da História Local a ser tratado na unidade não é concebido no conhecimento metodológico da História de Cuba.

Estas limitações teóricas e metodológicas para o conhecimento da História Local têm um impacto no cumprimento dos objectivos do nível e da finalidade do ensino secundário básico, pelo que é necessário procurar informação através de ferramentas que motivem o estudo profundo do tema História de Cuba. A presente investigação, a fim de contribuir para atingir tal finalidade, concebe um sistema de exercícios para o tratamento da História Local no nono ano, visando reforçar o processo ensino-aprendizagem da História Cubana no Centro Misto: Delffn Moreno Vazquez", do município.
 lorencia.

2.2 Fundamentos teóricos e metodológicos do sistema de exercícios para o tratamento da História Local no nono ano.

O sistema de exercícios baseia-se nas ciências filosóficas, sociológicas, psicológicas e pedagógicas marxistas-leninistas, sistematizadas e enriquecidas com base na prática pedagógica e social cubana. Estas ciências permitiram dar coerência teórica, cientificidade e organização no planeamento dos exercícios que compõem o sistema.

Assumir a filosofia marxista-leninista como base do sistema de exercícios para contribuir para a compreensão dos textos de Marti significa aceitá-la como a ciência do estudo dos fenómenos que regem o desenvolvimento e o movimento da natureza, da sociedade e do pensamento, que toma o materialismo dialéctico e histórico como método de explicação, conhecimento e transformação prática da realidade e constitui um poderoso instrumento de conhecimento e de actividade dos homens. O método histórico-dialético-materialista é assumido uma vez que, através das suas leis, princípios e categorias, permite estudar e investigar o fenómeno da compreensão textual nas suas ligações internas e externas, nas suas contradições e constantes mudanças e movimentos, nas suas particularidades e generalidades. Os fundamentos do Materialismo Dialéctico são considerados no desenvolvimento da investigação, uma vez que os problemas da realidade objectiva na escola secundária básica são assumidos, em constante mudança, transformação e procura de soluções; que se baseiam nos objectivos perseguidos pela sociedade, que impõe novos desafios à educação e especialmente à escola, como o centro mais importante da comunidade, que está intimamente ligada à família e outras instituições da localidade.Assume como base filosófica o método materialista dialéctico e histórico (1989), no qual a educação do homem é concebida como um fenómeno social-histórico e classista em condições concretas de acordo com o diagnóstico e o contexto em que é realizada. Baseia-se na formação e desenvolvimento integral da personalidade dos estudantes, a fim de incorporar conhecimentos, aptidões, motivações e atitudes no seu desempenho. Esta concepção tem em conta a unidade cognitiva, prática e valorativa do aluno, que deve ser materializada no tratamento da História Local, na sua prática habitual e ser concretizada no modelo de homem que se aspira a formar em sociedade.As concepções teóricas e metodológicas tidas em conta seguem os pressupostos da Abordagem Histórica Cultural de Lev Semionovich Vigotski (1896 1934) e dos seus seguidores, que se centram no desenvolvimento integral da personalidade, que concebe o estudante como um ser bio-psico-social, cujo desenvolvimento é determinado pela aquisição da cultura legada pelas gerações anteriores, o que permite intuir a necessidade de actividade e comunicação para as relações interpessoais. Da mesma forma, toma-se como pressupostos teóricos a formação e desenvolvimento integral da personalidade dos estudantes e do professor, bem como o papel activo destes no processo de apropriação do conhecimento, para o incorporar na prática social através da implementação de um sistema de exercícios destinados a reforçar a compreensão dos textos. Considera-se que a escola é uma instituição histórica cuja organização e função se baseia nas necessidades do contexto sócio-cultural onde se desenvolve a actividade cognitiva, prática e valorativa. Esta abordagem histórico-cultural de L. S. Vigotski (1982) centra-se no papel da educação para promover o desenvolvimento a partir do diagnóstico (nível de desenvolvimento real) e a ascensão a níveis mais elevados para o objectivo possível (zona de desenvolvimento potencial ou próximo). Para conceber o sistema de exercícios, foi utilizado o diagnóstico do nível de preparação que os estudantes têm para promover o desenvolvimento, tendo em conta as fases e o nível de desenvolvimento cognitivo de cada um. O mesmo é dirigido ao estudo das possibilidades e à garantia das condições que propiciam o trânsito dos estudantes através dos diferentes níveis de desempenho cognitivo, conseguindo desta forma o domínio independente das capacidades necessárias para o tratamento da História Local. Do ponto de vista sociológico baseia-se na Sociologia Marxista, Martiana e Idelista que parte do diagnóstico integral e contínuo, são determinadas as limitações e potencialidades dos múltiplos agentes socializadores: escola, comunidade, tradições dos estudantes, bem como as experiências e experiências que estes têm. Na medida em que o estudante experimenta satisfação com os avanços no tratamento da História Local, estará conscientemente envolvido nesta actividade e avançará para etapas superiores. Assume-se a necessidade de preparar os estudantes em estreita ligação com a vida C. Alvarez de Zayas, (1999) para que interajam de forma dinâmica entre si e com o resto dos componentes da escola. e processo pedagógico personalizado.Do ponto de vista didáctico, a compreensão dos textos de Marti no nono ano baseia-se num diagnóstico integral cujo acompanhamento contínuo é apoiado pela inter-relação dos componentes pessoais e não pessoais do processo pedagógico. Além disso, a aprendizagem é assumida no âmbito das múltiplas definições como: (...) um processo dialéctico no qual, como resultado da prática, são produzidas mudanças relativamente duradouras e generalizáveis, e através do qual o indivíduo se apropria dos conteúdos e das formas de pensar, sentir e agir construídos na experiência sócio-histórica, a fim de se adaptar à realidade e/ou transformá-la. Como apoio pedagógico, o sistema de exercícios assume a abordagem integral e contextualizada R. Pla, (2000) dos componentes do processo pedagógico. Pla, (2000) das componentes do processo pedagógico, tendo em conta o diagnóstico integral como processo, que parte do nível real e potencial de desenvolvimento dos estudantes como indivíduos e como grupo, das suas limitações e em que medida estas influenciam ou limitam o tratamento da História Local; um objectivo onde o sistema de conhecimentos, competências, intencionalidade educativa, nível de assimilação, sistematização, independência, profundidade, as formas e fontes que os estudantes utilizarão para atingir o objectivo proposto são integradas; a selecção de conteúdos e fontes, tendo em conta o diagnóstico e o objectivo a alcançar, para que as dimensões conceptual (conhecimento da História Local), processual (competências no tratamento da História Local) e atitudinal façam parte do conteúdo, dimensões motivacionais e afectivas do conhecimento (motivação para o conhecimento da História Local), bem como os fundamentos éticos, políticos, ideológicos, sociológicos, pedagógicos, psicológicos e de gestão e as experiências e experiências acumuladas na actividade de aprendizagem; a metodologia a utilizar deve atingir as dinâmicas entre os membros da organização As formas de organização serão variadas e especificarão os objectivos a atingir e, finalmente, a avaliação é concebida como uma componente integrada do desenvolvimento das tarefas de ensino.

2.2.1 Sistema de exercícios para o tratamento da História Local no nono ano.

Vários autores declararam os seus critérios sobre o sistema de termos, entre os quais V.cA. Zhamin, (1979) que o expressou: O sistema é constituído por elementos que mantêm entre si uma certa relação".J. Leyva, (1999) definiu-o como: "Um conjunto delimitado de componentes inter-relacionados que constituem uma formação completa".Segundo M. Arnold, (2003), é a: Um conjunto de elementos que estão intimamente relacionados entre si, que mantêm o sistema directa ou indirectamente unido de uma forma mais ou menos estável e cujo comportamento global persegue, geralmente um objectivo".J. Lorences, (2007) define o sistema do ponto de vista pedagógico: "Uma construção analítica, mais ou menos teórica, que tenta modificar a estrutura de um determinado sistema pedagógico real (aspectos ou sectores da realidade) e/ou a criação de um novo, cuja finalidade é obter resultados superiores numa determinada actividade".Os autores consultados coincidem ao salientar que um sistema é um conjunto de elementos inter-relacionados com uma formação integrada, que perseguem um objectivo previamente determinado e que visa alcançar resultados superiores na transformação de um objecto de um estado real para um estado desejado.O autor assume a definição do conceito dada por J. Lorences, (2005) uma vez que afirma que o sistema é uma forma de existência da realidade objectiva, que pode ser estudada e representada pelo homem, sujeito a certas leis gerais, é um conjunto de elementos que se distingue por um certo A "ordem, tem limites relativos, são apenas separáveis", "limitados" para o seu estudo para certos fins, cada um pertence a um sistema maior, está "ligado", faz parte de outro sistema.C. Alvarez, (1999) define sistema de exercício como: (. . .) A combinação de diferentes tipos de exercícios que permitem a formação de hábitos e competências de uma forma gradual e sistemática de uma determinada actividade".M. Agüero, (2008) refere isso: No sistema de exercícios, as componentes instrucionais, educativas e de desenvolvimento de competências estão integradas. Todos os exercícios são planeados, orientados, executados e controlados tendo em conta os objectivos educacionais da actual escola cubana, bem como o processo de comunicação educacional em que o aluno atinge o protagonismo no seu próprio desenvolvimento e o faz com consciência, com base nos seus interesses, motivações e necessidades nas acções que são executadas".

O autor da pesquisa coincide com os critérios dos autores consultados uma vez que estes sublinham que o sistema de exercícios é a combinação lógica de diferentes tipos de exercícios, de acordo com os objectivos e conteúdos, que favorecem o protagonismo estudantil e o desenvolvimento de conhecimentos, competências, hábitos e aptidões de uma forma gradual e sistemática.

O sistema como resultado científico-pedagógico, além de ter as características gerais dos sistemas reais, tem as seguintes características particulares:

■Intencionalidade: Contribuir para a melhoria das aulas de História Cubana através do tratamento da História Local.

■Grau de conclusão: **A** área específica a ser transformada é definida para o tratamento da História Local nos alunos do nono ano.

■Capacidade referencial: A sua concepção poderia ser utilizada noutras notas como orientação metodológica (referência) para os professores desenvolverem os seus próprios sistemas.

■Compreensibilidade: Os exercícios são concebidos para serem utilizados no nono ano da disciplina História de Cuba que o aluno recebe enquanto o tema se enquadra, com uma abordagem integradora dos seus componentes.

▪Abordagem analítica do objecto: O sistema representa analiticamente o processo de ensino-aprendizagem da História cubana, especificamente destinado ao tratamento da História Local.

▪lexibilidade: Pode ser enriquecido com a utilização de outras fontes, outros exercícios, actividades, de acordo com o diagnóstico dos alunos e do grupo.

Em ligação com o acima exposto, são tidos em consideração os seguintes requisitos:

▪O grau de complexidade dos estudantes em História cubana.
▪Os objectivos das disciplinas do curso.
▪As condições objectivas e subjectivas em que o processo de ensino educativo se desenrola.

▪Sistematização do exercício.
O objectivo geral do sistema de exercícios é contribuir para a melhoria das aulas de História Cubana através do tratamento da História Local e tem as seguintes características:

▪Carácter integrador: Abrange os diferentes tipos de exercícios que devem ser realizados para alcançar a melhoria das aulas de História Cubana através do tratamento da História Local, desde o nível reprodutivo até ao nível criativo.

▪Carácter dinâmico: Oferece a possibilidade de interagir com exercícios variados, graduados por níveis de assimilação, de modo a que o aluno se sinta motivado a realizá-los.

▪Carácter orientador: Serve de orientação metodológica para a preparação de exercícios de História Local.

Recomendações para a utilização do sistema de exercício:
▪O trabalho para o tratamento da História Local deve começar a partir da primeira classe. É necessário trabalhar sistematicamente para conseguir a apropriação eficiente dos conhecimentos e o desenvolvimento das competências.

▪Para resolver os exercícios, os alunos devem conhecer o conteúdo da História Local e as diferentes unidades da disciplina História de Cuba na classificação.

■Deve haver motivação, estímulo e interesse para o tratamento da História Local e, desta forma, conseguir a conclusão eficiente dos exercícios e a aquisição de conhecimentos.

Vantagens proporcionadas pelo sistema de exercício:
■Permite o ensino e aprendizagem de História Local a partir da disciplina História de Cuba.

■Contribui para a aquisição de conhecimentos e para o desenvolvimento de competências.
■Permite trabalhar sobre conteúdos históricos locais: factos históricos e personalidades locais e a localização cronológica de acontecimentos históricos significativos na localidade.

■Exige um nível de independência cognitiva.
■Contribui para a formação político-ideológica e de valores dos estudantes. Características gerais do sistema de exercício:
■Os exercícios respondem a conteúdos do tema História de Cuba, ligados à História Local, pelo que podem ser utilizados nas aulas de exercício frontal e de sistematização, em trabalhos independentes e em avaliações orais e escritas.

■O sistema de exercício consiste em 15 exercícios, graduados por níveis de desempenho cognitivo.

■Melhora a educação em valores e contribui para o desenvolvimento de uma cultura geral integral.

■Para as realizar, pode utilizar a Obra Cientffica, o livro de História de Cuba, a História da Província, o mapa e o gráfico da época.

O resultado científico desta investigação é o sistema de exercícios porque todos os exercícios apresentados estão inter-relacionados e prosseguem um objectivo comum: contribuir para a melhoria das aulas de História Cubana através do tratamento da História Local.

SISTEMA DE EXERCISMO

1. Considera importante estudar a história de Cuba?
a) Verifique a opção correcta:
b) Muito importante

Importante

Não relevante

c) Considera importante o estudo da História Local? Explique.
d) Porque é que o nosso município se chama Iorencia?
e) Por favor, defenda a opção que seleccionou em (a) acima.

2. Tendo em conta as características da Cuba aborígene, responda:
a) Quais eram as comunidades aborígenes existentes em Cuba na altura da chegada dos espanhóis?

b) Visite o seu museu local e investigue se existiam povoações aborígenes na área. Apresente um relatório com as características destes assentamentos.

c) Elaborar um mapa onde se localizam as povoações aborígenes do município de Lorencia. Realce com o simbolismo que deseja para cada uma destas comunidades.

3. Tendo em conta as características da população de Cuba na época colonial:

a) Completo: A população de Cuba foi caracterizada pelos seus
b) Elaborar um gráfico que reflicta o que está expresso no parágrafo a), no nosso município.

c) Argumentar a declaração que lhe oferecemos em a).
4. A 10 de Outubro de 1868, estalou a Guerra dos Dez Anos.
a) Mencionar as principais acções combativas desenvolvidas no nosso município lorenciano durante o mesmo.

b) Localize as acções que mencionou no gráfico de tempo que criou.

c) Embora esta guerra tenha falhado, os sacrifícios feitos não foram em vão. Argumento.

5. Pfo Antonio Cervantes Bravo é o patriota do nosso município.
a) Em que ponto das nossas lutas pela independência ele se destacou?
b) Dê dois exemplos de acções em que tenha participado. Localfzalas no mapa do seu município.

c) Valoriza a personalidade deste distinto patriota patriota.
6. Referindo-se ao século 1801 1900 em Cuba, responder:
a) Qual foi o evento militar mais relevante deste período?
b) Elaborar uma cronologia dos acontecimentos mais relevantes no decurso do mesmo no nosso município.

c) Argumentar o que é dito na alínea a).

7. Completo:

Maximo Gômez Baez, não era cubano, mas .   .

a) Ele caracteriza a sua personalidade com três elementos.

b) É um exemplo das acções que levou a cabo no nosso município durante a Campanha de Reforma.

c) As qualidades de Gômez estão presentes nos pioneiros cubanos. Ele argumenta.

8. Tendo em conta a República Neocolonial, 1902 1959:

a) Identifica as características dos mesmos: governos e fraudes eleitorais dos governos.

Medidas em benefício do povo. Jogos de azar, vício, prostituição. Atraso económico.

b) Caracterizar a situação económica, política e social do nosso município nesta fase.

c) Em 1902 foi estabelecida uma República Neocolonial em Cuba. Argumentos

2. Completo:

a) O Neocolonial era um dos males do Neocolonial.

b) É um exemplo da situação do campesinato no nosso município nesta fase.

c) Ele valoriza o trabalho do líder camponês Sabino Pupo Milian.

9. Quem era o representante máximo da ortodoxia?

a) Elaborar um quadro temporal e localizar as principais actividades relacionadas com a ortodoxia que se desenvolveram em lorencia.

b) O programa do Partido Ortodoxo não era socialista mas reflectia as aspirações populares. Ele argumenta.

10. Quem liderou o golpe de Estado de 10 de Março de 1952?

a) Caracteriza o governo de ulgencio Batista.

b) Os crimes da tirania Batista foram sentidos no nosso município. Argumenta.

11. José Martf expressou: Porque se nas coisas do meu país me fosse dado preferir um bem a todos os outros, um bem fundamental que seria a base e o princípio de todos os do país, esse seria o bem que eu preferiria: Quero que a primeira lei da nossa república seja o culto dos cubanos à plena dignidade do homem. Collected Works, vol. 14, página

468.

a) Mencionar os princípios de Marti que são evidentes no texto.

b) Explique o que significa para si a frase sublinhada.

c) Demonstra o cumprimento do que Martf expressou no nosso município, na fase da Revolução no Poder.

12. Completo: os princípios fundamentais da Revolução da Política Externa da Revolução são:

a) Explica uma delas.

b) Escrever um relatório mostrando que o povo de Florença cumpre com estes princípios.

c) O imperialismo norte-americano tentou frustrar a revolução triunfante de 1 de Janeiro de 1959.

d) Mencionar elementos que o provem.

e) É um exemplo do confronto do povo cubano com a contra-revolução interna e externa.

f) O povo florentino mostrou o seu patriotismo na luta contra os bandidos. Prove a afirmação acima.

13. A revolução no poder tomou medidas em benefício do povo.

a) Mencionar as primeiras medidas tomadas pela revolução.

b) Que importância atribui à primeira medida?

c) ddemonstra como estas medidas influenciaram o desenvolvimento económico, político e social do nosso município.

14. A revolução no poder tomou medidas em benefício do povo.

a) Mencionar as primeiras medidas tomadas pela revolução.

b) Que importância atribui à primeira medida?

c) ddemonstra como estas medidas influenciaram o desenvolvimento económico, político e social do nosso município.

15. As organizações políticas das organizações de massas têm desempenhadoum papel fundamental na preservação das conquistas da Revolução.

a) Mencione algumas destas organizações.

b) Explicar a importância da fundação do PCC.

c) Escreva um parágrafo onde argumente o papel desempenhado pelo CDR na sua localidade no momento presente, tendo em conta a declaração anterior.

2.3 Avaliação da eficácia do sistema de exercício para o tratamento da História Local no nono ano.

A fim de avaliar a eficácia do sistema de exercícios proposto para o tratamento da História Local no nono ano, foi realizada uma experiência pedagógica na sua variante pré-experimental. Foi trabalhada com uma amostra intencional não-probabilística correspondente aos 30 alunos do grupo do nono ano B do Centro Misto: "Delffn Moreno Vazquez", porque este foi o grupo de ensino com o qual a autora trabalhou como professora na fase em que iniciou o seu mestrado.

O pré-experimento foi desenvolvido de acordo com as fases seguintes:
■ Verificação inicial (pré-teste).
■ Introdução ao sistema de exercício.
■ Verificação final (pós-teste).
Para as avaliações iniciais (pré-teste) e finais (pós-teste), foram utilizadas as dimensões e indicadores determinados a partir da sistematização teórica da revisão bibliográfica sobre o tema:

Dimensão I: Conhecimento da História Local.
Indicadores: Conhecimento sobre:
A): Factos históricos.
B): Personalidades históricas.
C) O tempo e o espaço em que os acontecimentos históricos ocorrem.
Dimensão II: Habilidade em lidar com a história local. **Indicadores:**
A): Para argumentar os factos históricos.
B): Valorizar as personalidades históricas.
C) Localizar no tempo e localizar no espaço os factos históricos.

Dimensão III: Motivação para o tratamento da História Local.
Indicadores:
A) Interesse em expandir o seu conhecimento da história local.
B) Motivação para aplicar o conhecimento da História Local.
C): Vontade de pôr em prática o conhecimento da história local.

Para a avaliação das dimensões e indicadores, foi decidido criar uma escala ordinal qualitativa que é representada pelos níveis seguintes e que é avaliada da seguinte forma:

Para ser avaliado o conhecimento da História Local, é necessário que:

■ Alto: Demonstrar conhecimento de acontecimentos históricos, personalidades históricas, e do tempo e espaço em que os acontecimentos históricos têm lugar.

■ Médio: Possuir insegurança no conhecimento de acontecimentos históricos, personalidades históricas e do tempo e espaço em que os acontecimentos históricos têm lugar.

■ Baixo: Nenhum conhecimento de acontecimentos históricos, personalidades históricas e do tempo e espaço em que os acontecimentos históricos têm lugar.

Para ser avaliado o desenvolvimento de competências no tratamento da História Local, é necessário que

■ Alto: Argumentar os factos históricos, valorizar as personalidades históricas e localizar no tempo e no espaço os factos históricos.

■ Médio: Possuir limitações para argumentar factos históricos, para valorizar personalidades históricas e para localizar factos históricos no tempo e no espaço.

■ Baixo: Falta a capacidade de argumentar factos históricos, de valorizar personalidades históricas, e de localizar factos históricos no tempo e no espaço.

Para ser avaliada a motivação para o tratamento da História Local, é necessário que

■Elevado: Mostrar interesse em expandir o seu conhecimento da história local, motivação para a sua aplicação e vontade de a pôr em prática.

■Médio: Mostram pouco interesse em expandir o seu conhecimento da história local, motivação limitada para a sua aplicação e falta de vontade de a pôr em prática.

■Baixo: Sem interesse em expandir o seu conhecimento da história local, falta de motivação para o aplicar e falta de vontade de o pôr em prática.

Escala para avaliar cada dimensão:
■Elevado: Se todos os indicadores forem avaliados como elevados.
■Médio: Se até 3 indicadores forem avaliados como médios ou altos, um médio e um alto ou 2 ou 3 indicadores médios.

▪Baixo: Se classificado como médio ou baixo 1 indicador. Determinação da avaliação global:

▪Alto: Se for avaliado alto em todas as três dimensões ou duas altas e uma média.

▪Médio: Se for classificado alto numa dimensão e médio nas outras duas, todos os três são médios, dois são médios e um é baixo ou um é classificado alto, um é médio e um é baixo.

▪Baixo: Se for classificado baixo em duas ou três dimensões.

Para a verificação inicial (pré-teste), foram utilizadas diferentes técnicas e instrumentos: verificação de conhecimentos (anexo 4), guia de observação em sala de aula (anexo 5), inquérito aos estudantes (anexo 6). A informação proveniente destas fontes foi triangulada e os valores pré-determinados na escala ordinal foram utilizados para cada uma das categorias.

Verificou-se que na **dimensão I**, 6 estudantes (20%) estão ao mais alto nível e mostram conhecimento de factos históricos, personalidades históricas e do tempo e espaço em que os factos históricos têm lugar. Ao nível médio há 11 estudantes (36,6%); conhecem alguns dos factos históricos e personalidades históricas, mas têm deficiências em termos do tempo e espaço em que os factos históricos têm lugar. No nível baixo há 13 estudantes (43,3%) que mostram conhecimento apenas de alguns dos factos históricos.

Na **dimensão II**, há 6 estudantes (20%) de alto nível que argumentam factos históricos, valorizam personalidades históricas, e localizam factos históricos no tempo e no espaço. No nível médio, há 12 estudantes (40%) que argumentam os factos históricos, valorizam algumas das personalidades históricas, mas não têm a capacidade de localizar no tempo e no espaço os factos históricos. No nível baixo são 12 estudantes (40%); só conseguem argumentar alguns dos factos históricos e valorizam poucas das personalidades históricas.

Na **dimensão III**, há 5 estudantes (16,6%) de alto nível, que demonstram interesse em alargar os seus conhecimentos de História Local, motivação para aplicar estes conhecimentos e vontade de os pôr em prática. Ao nível médio, há 11 estudantes (36,6%); demonstram interesse em alargar os seus conhecimentos de História Local, em alguns casos, estão motivados a aplicar estes conhecimentos, e alguns deles relatam que estão dispostos a pô-los em prática.vontade de os pôr em prática. Ao baixo nível estão 14 estudantes (46,6%) que têm um interesse limitado em alargar os seus conhecimentos de história local, motivação insuficiente para aplicar esses conhecimentos e falta de vontade de os pôr em prática.Em geral, verificou-se que antes da introdução do sistema de exercícios para o tratamento da História Local, apenas 6 estudantes (20%) foram avaliados com um nível elevado no desenvolvimento dos conhecimentos, aptidões e motivações sobre o assunto, em correspondência com o nível alcançado pelos estudantes no início do curso (oitava série no final do curso). Da mesma forma, 12 estudantes (40%) foram avaliados ao nível médio, enquanto que os restantes 12 estudantes (40%) se encontravam no nível baixo (ver Anexo 7). (ver Anexo 7).

As dimensões II e **III** foram as mais deprimidas, o que é lógico, uma vez que lidam com as capacidades de lidar com a história local e a motivação para lidar com a história local. Os indicadores com o nível mais baixo são os do local no tempo e a localização no espaço dos factos históricos e a vontade de pôr em prática o seu conhecimento da História Local. É evidente que quando não se conhece nenhum tema, nem se possui as competências necessárias, não se está muito motivado para empreender esta actividade. As categorias avaliativas das dimensões mostram que, em média, o grupo se situava entre as categorias média e baixa. Esta análise demonstrou as insuficiências cometidas pelos alunos em relação à História Local, uma vez que demonstraram falta de conhecimento e fraco domínio quando discutiam factos históricos, valorizando algumas das personalidades históricas e localizando factos históricos no tempo e no espaço. O seu interesse limitado em expandir os seus conhecimentos de História Local, a falta de motivação para aplicar estes conhecimentos e a insuficiente disposição para os pôr em prática foram evidenciados.A partir de Outubro do curso de 2010-2011, foi implementado o sistema de exercícios desenvolvido como resultado desta investigação. Este sistema foi consultado com outros professores experientes e foi melhorado à medida que o curso avançava. No sub-grafico

2.2.1 Este capítulo exemplifica o sistema elaborado para o tratamento da História Local nos alunos do nono ano. Durante toda a fase, foram realizadas observações sistemáticas do processo de aprendizagem dos alunos e consultas com especialistas, o que permitiu aperfeiçoar e enriquecer os exercícios propostos. No final do pedido, foi realizada uma verificação final (pós-teste), utilizando os mesmos procedimentos e fontes utilizados no pré-teste.

Verificou-se que na **dimensão I**, 12 estudantes (40%) estão ao mais alto nível, mostrando conhecimento de factos históricos, personalidades históricas e o tempo e espaço em que os factos históricos têm lugar. Ao nível médio há 13 estudantes (43,3%); conhecem os factos históricos e as personalidades históricas, mas vários estudantes têm deficiências relativamente ao tempo e espaço em que os factos históricos têm lugar. Ao nível baixo há 5 estudantes (16,6%) que demonstram conhecimento de factos históricos e de algumas personalidades históricas.

Na **dimensão II**, há 12 estudantes (40%) de alto nível que argumentam correctamente os factos históricos, valorizam as personalidades históricas e localizam no tempo e no espaço os factos históricos. No nível médio, há 14 estudantes (46,6%) que argumentam os factos históricos, valorizam as personalidades históricas, embora coloquem no tempo e localizem no espaço alguns dos factos históricos. Ao nível baixo, há 4 estudantes (13,3%); são capazes de argumentar os factos históricos e valorizar algumas das personalidades históricas.históricas. Têm limitações na localização no tempo e no espaço de poucos dos factos históricos.

Na **dimensão III**, 12 estudantes (40%) estão ao mais alto nível; demonstram suficiente interesse em expandir os seus conhecimentos de História Local, motivação para aplicar esses conhecimentos e vontade de os pôr em prática. Ao nível médio, há 12 estudantes (40%); demonstram interesse em alargar os seus conhecimentos sobre História Local, a maioria deles refere-se à motivação para aplicar esses conhecimentos e à vontade de os pôr em prática. Ao nível baixo há 6 estudantes (20%) que estão interessados em alargar os seus conhecimentos sobre História Local, mas a sua motivação é insuficiente para aplicar estes conhecimentos e pô-los em prática.

De forma abrangente, 12 estudantes (40%) são avaliados ao nível elevado no tratamento da História Local, 14 estudantes (46,6%) atingem a categoria média e apenas 4 estudantes (13,3%) permanecem com a avaliação baixa.

A Dimensão II foi a que apresentou algumas deficiências nos estudantes de baixo nível, uma vez que trata de competências no tratamento da história local. O indicador com o nível mais baixo era o da localização no tempo e da localização no espaço dos factos históricos. É evidente que existe mais conhecimento sobre o tema do que quando a verificação inicial foi aplicada.

Pode-se ver que, tanto nas dimensões como na avaliação integral final, as categorias dadas estão entre os níveis médio e alto, mais próximas do primeiro. Com a aplicação desta análise, verificou-se o aumento considerável do tratamento da História Local nos alunos do nono ano, que mostraram um nível mais elevado de assimilação no que diz respeito ao conhecimento de factos e personalidades históricas; bem como a argumentação dos primeiros e as avaliações dos segundos. Foi possível observar um aumento considerável na sua capacidade de localizar acontecimentos históricos no tempo e no espaço. Além disso, o seu interesse em expandir o seu conhecimento da história local, a sua motivação para aplicar esse conhecimento e a sua vontade de o pôr em prática foram reforçados.

Os resultados positivos do pré-experimento pedagógico, a opinião favorável dos próprios estudantes, de professores e gestores experientes, e a observação sistemática do autor deste trabalho, demonstram a eficácia do sistema de exercício num período de tempo relativamente curto e sugerem a possibilidade de continuar a enriquecê-lo e de o alargar a outros grupos de ensino.

CONCLUSÕES DO CAPÍTULO II

O diagnóstico mostrou que os estudantes têm insuficiências no tratamento da História Local. Uma das causas deste problema é que eles se sentem desmotivados pelo sujeito porque os exercícios carecem de criatividade para despertar o seu interesse em aprofundar o seu conhecimento do sujeito. O sistema de exercícios que foi elaborado é graduado por níveis de assimilação para o tratamento da História Local no nono ano. A aplicação destes exercícios, durante um ano lectivo, mostrou resultados satisfatórios no tratamento da História Local no nono ano.

CONCLUSÕES

■Os fundamentos teóricos e metodológicos do processo de ensino-aprendizagem da História cubana no nono ano revelam a necessidade de formar o homem do futuro de forma integral através do conhecimento dos aspectos essenciais da história nacional e local, para que se sintam estimulados a aprofundar o seu estudo através da valorização das personalidades e dos factos históricos.

■O diagnóstico do nível de desempenho dos alunos do nono ano no tratamento da História Local revelou que estes têm insuficiências tais como: conhecimento limitado da História Local, fraco nível de desenvolvimento de competências no tratamento da História Local e baixa motivação em relação ao assunto; aspectos que demonstram que o conteúdo da História Local não foi sistematizado no assunto História de Cuba que o aluno recebe.

■A elaboração de um sistema de exercícios graduados por níveis de assimilação favorece o tratamento da História Local nos alunos do nono ano, o que foi verificado com a realização de uma pré-experimentação pedagógica.

■A implementação do sistema de exercício permitiu aos alunos do nono ano desenvolver gradualmente os seus conhecimentos de História Local.

RECOMENDAÇÕES

■ Aplicar o sistema de exercício nas restantes escolas secundárias básicas do município de Lorencia.

BIBLIOGRAFIA

1. ABREU VALDIVIA, OMAR. Alternativa didáctica para o conhecimento do tema anexionista do período histórico cubano (1878-1895) na formação do professor de Marxismo-Leninismo e História. Tese em opção ao título académico de Mestre. Ciego de Ávila. ISP" Manuel Ascunce Domenech", 2002. 120 p.

2. ACEBO MEIRELES, WALDO. Apuntes para una metodologfa de la ensenanza de la Historia local en su vinculación con la Historia Patria. Polígrafo combinado. Evelio Rodrfguez Curbelo, Julho de 1991. 56 p.

3. ADDINE ERNANDEZ, ATIMA. Didáctica. Teorfa y practica. Havana: Ed. Pueblo y Educaciôn, 2004. 320p.

4. AGUIAR, MERCEDES. La asimilaciôn del contenido de la ensenanza. Havana: Ed. Pueblo y Educaciôn, 1979.112 p.

5. ALVAREZ DE ZAYAS, CARLOS. Didáctica. La escuela en la vida. Havana: Ed. Pueblo y Educaciôn, 1999.128 p.

6. ALVAREZ DE ZAYAS, RITA M. Metodologfa de la Ensenanza de la Historia. 1ª e 2ª partes. Havana: Ed. Pueblo y Educaciôn, 1978. 102 p.

7. O desenvolvimento de competências no Ensino de História. Havana: Ed. Pueblo y Educaciôn, 1993. 250 p.

8. . O Desenvolvimento da Identidade e o Ensino da História. Havana: Congreso Internacional Pedagogfa, 2001.10 p.

9. AGÜERO, MISLEIVI, Sistema de ejercicios para la comprensión de textos en los alumnos de quinto grado. Ciego de Ávila,2008

10. ARANGUREN, CARMEN. lO que é o ensino da História. O que é o ensino. Para que serve. Como e a quem ensiná-la? Em Boletfn Número 2. Universidad de los Andes. Em Mérida. Venezuela, [S. A]. 27p.

11. ARNOLD, M. e . OSORIO. Introducciôn a los conceptos basicos de la teorfa general de los sistemas. Havana: Ed. Pueblo y Educaciôn, 2003. 45 p.

12. ARTIES, JENARO. História local de Havana. Na Revista Bimestre Cubana. Havana, Março – Abril, 194512 p.

13. AVALO LIANONTE, WILL REDO. Uma proposta necessária para o trabalho da história local. Tese em opção para o grau científico de Mestre Camagüey. 2000. 60 p.

14. AZCOAGA, JUAN E. Del lenguaje al pensamiento verbal. Cidade de Havana: Ed. Pueblo y Educaciôn, 2001.135 p.

15. BAXTER, ÉTER. La escuela y el problema de la formación del hombre. Havana: Ed. Pueblo y Educaciôn, 2003. 267p.

16. BERMÜDEZ, SARGUERO, ROGELIO. Teorfa y Metodologfa del Aprendizaje. Havana: Ed. Pueblo y Educaciôn, 1996.223 p.

17. BLANCO PÉREZ, ANTONIO. Introdução à Sociologia da Educação. Havana: Ed. Pueblo y Educaciôn, 2001.166p.

18. Introdução à Sociologia da Educação. Havana: Ed. Pueblo y Educaciôn,2000.
19. BLOCH, MARC. Apologfa de la Historia o el oficio de historiador. Havana: Ed. Ciencias Sociales, 197145 p.

20. BLUMEN ELD. Didáctica e métodos gerais de investigação. Volumes I e II. Havana: Ed. Ciencias Sociales, 1960. 78 p.
21. BORROTO LAZARTE, MERCEDES. La valoración de las personalidades histôricas: una propuesta didáctica para el tercer ano de la formación. O marxismo-leninismo e a formação inicial dos professores de História. Tese em opção ao título académico de Mestrado em Ensino de História. Camagüey. ISP José Martf", 2002. 70 p.

22. BRITO ERNANDEZ, HECTOR. Eficácia da motivação. Em Ciencias Pedagôgicas. Ano XI. No. 20. Havana, Mar. 12, 1990. 1990.15 p.
23. CABALLERO DELGADO, ELVIRA. Didáctica da escola cubana. Havana: Ed. Pueblo y Educaciôn, 2002.207p.

24. CARR, E. H. O que é a História? Barcelona: Ed. SEIX Barrat. 1991. 34 p.

25. CARRETERO, MARIO. Aproximaciones de la psicologfa cognitiva y de la instrucción o la ensenanza de la historia y las ciencias sociales. Em Infancia y Aprendizaje. Madrid. No. 62 63, 1999. 167p.

26. CASTELLANOS SIMONS, DORIS. Aprendizagem e ensino na escola. Una concepciôn desarrolladora [et. al]. Havana: Ed. Pueblo y Educación, 2001. 245p.

27. CASTRO RUZ, IDEL. Discurso proferido na noite comemorativa dos cem anos de luta, realizada em Demajagua, Granma, 10 de Outubro de 1968". Cidade de Havana: Ed. Polftica, 1980.82. p.

28. Uma Revolução só pode ser filha da cultura e das ideias. Havana: Ed. Ciencias Sociales, 1999.66 p.

29. Discurso proferido a 7 de Julho na Licenciatura do V Contingente Pedagôgico" Manuel Ascunce Doménech". Havana": Ed. Empresa de Impresoras Graficas, 2000. 20p.

30. Discurso proferido no 20° Aniversário do Destacamento Pedagógico Manuel Ascunce Doménech. Havana: Jornal Granma, 29 de Maio de 2002 20p.

31. CAZAU, P. Teoria Geral dos Sistemas. Diccionario de Teorfa General de los Sistemas. ile de Internet, 2003.56 p.

32. CLAUSS, G. Psicologfa del nino escolar. Cidade de Havana: Ed. de Libros para la Educaciôn, 1978.303p.

33. COLLAZO DELGADO, BASILLLA. La orientación en la actividad pedagôgica: lel maestro un orientador? Havana: Ed. Pueblo y Educaciôn, 1992.132p.

34. Como ensinar e aprender História. Na Revista Nueva Escuela #21. Julho, 1995.48 p.

35. CUBA. INSTITUTO DE HISTORIA DE CUBA. As lutas. Havana: Ed. Polftica, 1994 578 p.

36. CUBA, MINISTERIO DE EDUCACIÔN. Programa: nono ano. Cidade de Havana: Ed. Pueblo y Educaciôn, 2004. 85p.

37. Orientaciones Metodolôgicas de Historia de Cuba. Cuidad de La Habana: Ed. Pueblo y Educaciôn, 200545 p.

38. Livro-texto de História de Cuba nono ano. Cuidad de La Habana: Ed. Pueblo y Educaciôn, 1990.145 p.

39Basic modelo de escola secundária: Projecto, 2007. 93 p.
40. Mestrado em Ciências da Educação: undamentos de la Investigación Educativa: Modulo I Primera Parte. Cidade de Havana: Ed. Pueblo y Educaciôn, 2006.15p.

41. Mestrado em Ciências da Educação: undamentos de la Investigación Educativa: Modulo I Segunda Parte. Cidade de Havana: Ed. Pueblo y Educaciôn, 2006.31p.

42. Mestrado em Ciências da Educação: undamentos de las Ciencias de la Educaciôn: Modulo II Primera Parte. Cidade de Havana: Ed. Pueblo y Educaciôn, 200631p.

43. Mestrado em Ciências da Educação: undamentos de las Ciencias de la Educaciôn: Modulo II Segunda Parte. Cidade de Havana: Ed. Pueblo y Educaciôn, 2006.31 p.

44. Mestrado em Ciências da Educação: Menciôn en Educaciôn Secundaria Basica: Modulo II Primera Parte. Cidade de Havana: Ed. Pueblo y Educaciôn, 2007.93 p.

45. Mestrado em Ciências da Educação: Menciôn en Educaciôn Secundaria Basica: Modulo II Segunda Parte. Cidade de Havana: Ed. Pueblo y Educaciôn, 2007. 109 p.

46. CUETARA LÔPEZ, RAMÔN. Praticum da história da localidade. Havana: Ed. Pueblo y Educaciôn, 1989.45 p.

47. Didáctica para estudos locais. Havana: Ed. Pueblo y Educaciôn, 1999. 78p.

48. CHAVEZ RODRfGUEZ, JUSTO A. Esboço histórico de ideias educativas em Cuba. Havana: Ed. Pueblo y Educaciôn, 1992. 112p.

49. CHACÔN ARTEAGA, NANCY. Moralidad Histôrica, valores y juventud. Havana: Centro élix Varela, 2000. 98 p.

50. DE LA LUZ Y CABALLERO, JOSÉ. Escritos educacionais. La Habana: Ed. Universidad de La Habana, 1954. 241 p.

51. DfAZ GONZALEZ, LOURDES. Diseno de unidades didacticas, un reto para elevar la calidad de la ensenanza de la Historia. Tese em opção ao título académico de Mestrado em Ensino de História. Camagüey. ISP José Martf", 2002. 66 p.

52. DfAZ PENDAS, HORACIO. Temas metodológicos de Historia de Cuba. Havana: Ed. Pueblo y Educaciôn, 1998.238 p.

53. Consideraciones sobre la ensenanza de la Historia. Havana: Congreso Internacional Pedagogfa, 2001. 1 p.

54. Leituras seleccionadas. História de Cuba. Havana: Ed. Pueblo y Educaciôn, 2002.23p.

55O museu vfa para aprender história. Cidade de La Havana: Ed. Pueblo y Educaciôn, 2005. 23 p.

56. Sobre a história e outros assuntos. Compilação. A cidade de Havana: Ed. Pueblo y Educaciôn, 2006. 45 p.

57. DUHARTE JIMÉNEZ, RA AEL. Nacionalidade e História Santiago de Cuba: Ed. Oriente, 1989. 119 p.

58. acultad de Ciencias Sociales (Cuba). I Conferencia Cientffica Internacional Pedagogfa, Patrimonio y Cultura Comunitaria [online]: catálogo automatizado acultad de Ciencias Sociales. Havana: acultad de Ciencias Sociales. < mce@faccsoc.mined.cu >. - [Consulta: 15 de Maio. 2007].

59. GARCfA GUTIÉRREZ, ALBERTO. A preparação do professor para a direcção do processo ensino-aprendizagem da História no Ensino Secundário Básico com um critério de integração. Tese em opção para o grau de Mestre em Ensino de História. Ciego de Ávila, 2001.80 p.

60. GARCfA LEAL, HAYDEÉ. Pensar, reflectir e sentir nos clases da História. Havana: Ed. Pueblo y Educaciôn, 2000. 58p.

61. GONZALEZ, MARTA. Perfil histórico da literatura cubana desde as suas origens até 1898. Havana: Ed. Pueblo y Educaciôn, 1990. 501 p.

62. GONZALEZ MAURA, VIVIANA. Psicologfa para educadores. Havana: Ed. Pueblo y Educación, 2001.76 p.

63. GONZALEZ SOCA ANA. M. Nociones de sociologfa, psicologfa y pedagogfa. Havana: Ed. Pueblo y Educaciôn, 2002. 315p.

64. GUERRA, RAMIRO. História de Cuba. Conselho Nacional de Cultura. Havana, 1962.156 p.

65. GUERRERO VEGA, ÉLIX JORGE. La Campana de la Reforma, algumas considerações históricas. União Nacional dos Historiadores de Cuba.ilial Provincial de Ciego de Ávila. 29-31 de Outubro de 2008.45 p.

66. GUIBERT NÜNEZ, MARFA ESTHER. Tiempo y tiempo histôrico: un saber que se aprende, un saber que se ensena. Navarra: Dpto. de Educaciôn y Cultura, 1994.34 p.

67. GÜZMAN DE ARMAS, LUIS. Temas metodolôgicos Historia de Cuba Ciudad de la Habana: Ed. Pueblo y Educaciôn, 2001. 135p.

68. HART DAVALOS, ARMANDO. Cultura espiritual e civilização material. José Martf, hombre de pensamiento. Na Boémia. Ano 99, No. 9. Havana, 27 de Abril de 2007. 21 p.

69. A História Local do município de lorencia (Trabalho Científico) (apoio digital).

70. A História Local da Província de Ciego de Ávila. Colectivo de Autores (apoio digital).

71. LABARRERE, GUILLLERMINA. Pedagogia. Havana: Ed. Pueblo y Educaciôn, 1998.354p.

72. LE RIVEREND JULIO. História de Cuba. Havana: Ed. Ciencias Sociales, 1989.250p

73. Bases Psicopedagôgicas de la ensenanza de la Historia. Havana: Ed. Pueblo y Educaciôn, 1988.160 p.

74. LEAL GARCfA, HAYDEÉ. Pensar, reflectir e sentir nos clases da História. Cidade de Havana: Ed. Pueblo y Educaciôn, 2000. 58 p.

75. Metodologia do Ensino da História. Cidade de Havana: Ed. Pueblo y Educaciôn, 1991. 259 p.

76. LÔPEZ, JOSE INA. Marco conceptual para la elaboración de una teorfa pedagôgica Ciudad de La Habana: Ed. Academia, 1998. 56 p.

77. LORENCES GONZALEZ, JOSE A. Caracterização e desenho de resultados científicos como contributos de investigação educacional. Centro de Estudios de Ciencias Pedagôgicas. ISP élix Varela". Villa Clara. Material digitalizado, 2005. 45 p.

78. MARTf PÉREZ, JOSÉ. Educaciôn Cientffica en los escritos sobre la Educaciôn. Cidade de Havana: Ed. Pueblo y Educaciôn, 1990. 170p.

79. MARTfNEZ PUENTES, SILVIA. Cuba mas alla de los suenos. Havana: Ed. Ciencias Sociales, 2003.423p.

80. Cuba mas alla de los suenos. Havana: Ed. Ciencias Sociales, 2001.

81. MONTANO, LUCILO JAVIER. La vinculación de la historia local con la nacional. Mântua. 2007,67 p.

82. NARANJO, AGUILLAR. Historia de Morôn: (Material Mimeografado). Escritório do Historiador de Morôn, 1989.68 p.

83. PETROVSKI, A. Psicologfa General.   Havana: Ed. Pueblo y Educaciôn, 1982. 231p.

84. PINO SANTOS, OSCAR. História de Cuba: aspectos fundamentais. Havana: Ed. Nacional de Cuba, 1964. 235 p.

85. PLA LÔPEZ, RAMÔN. Concepciôn didactica integradora del proceso de ensenanza aprendizaje [disquete]. Ciego de Avila: ISP Manuel Ascunce Domenech", 2000. 1 disquete. [Consulta: 10 de Maio de 2007].

86. ROSMANINHO, HENRY. Ensenanza y aprendizaje de la Historia. Madrid: Morata, 1993.45 p.

87. PORTUONDO, ERNANDO. Estudios de la Historia de Cuba. Havana: Ed. de Ciencias Sociales, 1986.78 p.

88. PROGRAMA DO NONO ANO, 2004
89. REYES GONZALEZ, JOSÉ I. História da família e da comunidade como instrumento para a aprendizagem da história nacional e a ligação dos estudantes do ensino secundário básico com o seu contexto social. Tese em opção ao grau científico do Dr. em Ciências Pedagógicas. Las Tunas: Universidad Pedagôgica José Tey".1999, 120 p.

90. RICO MONTERO, PILAR. Hacia la remodelación del Proceso de Ensenanza Aprendizaje. Em Doc. Cognitive interest. Havana, 2003.34 p.

91. A Zona de Desenvolvimento Proximal. Procedimientos y tareas de aprendizaje. Havana: Ed. Pueblo y Educaciôn, 2003. 78 p.

92. RODRÎGUEZ COMPANIONI, OSMEL Estratégia de formação para o tratamento metodológico da história local e a melhoria da forma de actuação dos professores do segundo ciclo do Ensino Primário no município. Tese apresentada em opção ao título académico de Mestrado em Ciências do Ensino Superior. Universidade de Matanzas Camilo Cienfuegos". Ciego de Ávila, 2004. 83 p.

93. ROIG DE LEUCHSERING, EMILLIO. Notas históricas. Volumes I e II. Havana: Ed. de CNC, 1963. - 34 p.

94. ROMERO RAMUDO, MANUEL. Didáctica da História. Havana: Ed. Pueblo y Educaciôn, 2006. 58p.

95. RUBINSTEIN, S. L. El desarrollo de la Psicologfa. Havana: Ed. Pueblo y Educaciôn, 1978.120 p.

96. Ser e consciência. Havana: Ed. Pueblo y Educaciôn,1979. 210 p.

97. SANCHEZ PRIETO, SATURNINO. IY que es la Historia? Reflexiones epistemolôgicas para profesores de Ciencias Sociales del Siglo Veintiuno de Espana. Madrid: Ed. S. A, 1994. 90 p.

98. SANTIESTEBAN ERNANDEZ, ANTONI. Aprender a ensenar el tiempo histórico: Esquemas de conocimiento y perspectiva practica en el alumnado de formaciônado inicial. Em Modelos, contenidos e experiências na formação do profesorado de Ciências Sociais. Espanha: Universidade de Huelva, 2000.23 p.

99. SEMINOVICH, VIGOSTSKY. Historia de las unciones Psfquicas Superiores. Havana. Ed. Cientffico Técnico, 1987. 336p.

100.   SILVESTRE ORAMAS, MARGARITA. Learning, Educaciôn y Desarrollo. Havana: Ed. Pueblo y Educaciôn, 2001. 184 p.

101. SOBEJANO, MARfA JOSÉ. Didactica de la Historia. undamentaciôn Epistemolôgica y Currfculum. Madrid: Universidad Nacional de Educaciôn a Distancia, 1993. 98 p.

102. Didáctica de la Historia. Ideas, elementos y recursos para apoyar al profesor. Madrid: Universidad Nacional de Educaciôn a Distancia, 1996. 69 p.

103. TORRES CUEVAS, EDUARDO. História de Cuba (1492, 1898). Havana: Ed. Pueblo y Educaciôn, 2001.143p.

104. Necessidade de história. Conversa entre historiadores: com Julio Le Riverend. Em Debates americanos. No. 1. Havana, Jan. Jun. 1995. 34 p.

105. TORRES BRAVO, PABLO A. Didáctica da História e educação da temporalidade. Madrid: Universidad Nacional de Educaciôn a Distancia, 1997.69 p.

106. VARONA, ENRIQUE JOSÉ. Da colónia para a república. Na Revista Educaciôn. Ano 42. No. 35. Havana, 24 de Março de 1999. 1999 29 p.

107. VELÀZQUEZ COBIELLA, ENA ELSA. Objectivos prioritários do Ministério da Educação para o ano académico de 2008-2009. Resolução n.º 118/08. La Habana: Ed. Pueblo y Educación, 2008. 27p.

108. VIGOSTKY, L. S. História do desenvolvimento de funções psíquicas superiores. Havana: Ed. Cientffico-Técnica, 1985. 257 p.

109. VITIER BOLANOS, CINTIO. Gufa para professores das salas de aula marcianas. Cidade de Havana: Ed. Pueblo y Educaciôn, 1997. 9 p.

110. ZALDfVAR GARCfA, ADALBERTO. Ligando a História Nacional e Local ao sexto ano. Tese em opção ao Grau Científico de Mestre. Güines, 2000.68 p.

111. ZILLBERSTEIN TORUNCHA, J. Modelo para el aprendizaje. Havana: Ed. Ciencias Sociales, 1979.45 p.

112.   ZHAMIN, V. A. La fuerza productiva de la ciencia. Havana: Ed. Ciencias Sociales, 1979.161p.

ANEXOS

Anexo 1
Guia de observação em sala de aula

Objectivo: Observar o tratamento dado à História cubana e determinar as dificuldades apresentadas pelos alunos do nono ano sobre a História Local.

Aspectos a considerar:

■Será que demonstram domínio do conteúdo histórico local?
■Conhece os factos históricos e as personalidades locais?
■ Será que dominam o tempo e o espaço em que os acontecimentos históricos ocorrem?

■ As actividades planeadas na aula de História de Cuba tornam possível a relação com a História Local?

■ Sentem-se motivados para fazer os exercícios que lhes são orientados sobre a História Local?

■Está interessado em expandir os seus conhecimentos de História Local?
■ Será que reflectem uma vontade de pôr em prática o conhecimento da história local?

Anexo 2
Análise de documentos normativos

Tipo de documento:

Objectivo: Corroborar a informação sobre os elementos estabelecidos para trabalhar com História Local após a implementação do Programa e Orientações Metodológicas do tema História de Cuba no nono ano.

Aspectos a considerar:

■ O Programa de História Cubana do nono ano inclui objectivos e conteúdos para trabalhar com História Local?

■ Quais são as vantagens das Orientações Metodológicas da História de Cuba para o tratamento da História Local?

■ São os métodos e procedimentos adequados utilizados para o ensino de História cubana, especificamente para trabalhar com História Local?

■ Estão previstos exercícios motivacionais para encorajar o tratamento da História Local?

■ O trabalho com o conteúdo da História Local tem um carácter sistémico?

Relação dos conteúdos da História Local que serão trabalhados no tema História de Cuba no nono ano.

De acordo com o trabalho científico do Município de Lorencia.

Unidade 1: Os antecedentes da nacionalidade cubana e da nacionalidade (27 h/c).

1.1 Comunidades aborígenes cubanas. Os caçadores e pescadores. Características sócio-económicas. Presença deste grupo no município e na província.

1.2 Agricultores cerâmicos. Características sócio-económicas. Presença deste grupo no território de lorencia.

1.3 O choque de culturas com um desenvolvimento desigual. O estabelecimento do domínio colonial. Actividades económicas no município. A concessão de terras em Marroquf.

1.4 Manifestações de rebeldia e confrontação à exploração colonial. Observação de fragmentos do filme "El Cimarron". Surgimento do crioulo e conformação da sociedade crioula até ao século XVII.

Os ataques de corsários e piratas. A política espanhola de protecção comercial: O sistema de lotas e fortificações. Introdução ao cultivo da cana-de-açúcar. O regime colonial durante os séculos XV e XVII. A evolução colonial no século XVIII. A tomada de Havana pelos ingleses e os seus efeitos para Cuba. A atitude dos crioulos perante este facto. O Despotismo Ilustrado. Principais medidas e representantes. As suas consequências para a Ilha. Influência da Guerra de Independência das treze colónias e da Revolução Haitiana. Aumento da produção de açúcar e da escravatura. Diferença entre os crioulos e os peninsulares. Progresso na cultura: as primeiras instituições educacionais e a Sociedad Econômica de Amigos del Pafs.Situação económica e social de lorença na fase: O século XVIII cubano. Consolidação". Primeira etapa reformista. Primeiras conspirações independentistas". élix Varela. O seu patriotismo e independência". Cuba sob o regime dos Omnfodas Accultades. Observação de excertos do filme Rancheador . Segunda etapa reformista. José Antonio Saco". A política dos Estados Unidos em relação a Cuba na primeira metade do século XIX. Principais manifestações anex anexistas. José Antonio Saco contra a anexação".

Terceira etapa reformista rfas. A situação económica do país. Crise de 1857 e 1866. Situação económica e social de Lorencia (ver trabalho científico, capítulo 2).

Unidade 2: As lutas pela independência e a formação da nação.

Reforço das ideias de independência. Início e desenvolvimento da Revolução Cubana. A incorporação de Camagüey e Las Villas na guerra. Desenvolvimento da Guerra em lorencia. A Assembleia de Guaimaro.

A repressão espanhola e o aumento da luta revolucionária. As mulheres na Revolução de 1968. O reforço das ideias de independência.

Início e desenvolvimento da Revolução Cubana. A incorporação de Camagüey e Las Villas na guerra. A Assembleia de Guaimaro. A repressão espanhola e o aumento da luta revolucionária. A mulher na Revolução de 68.

Acções vitoriosas do Exército Libertador. Valorização de Céspedes e Agramonte. Valorização de Pfo Antonio Cervantes Bravo. A invasão do Ocidente: o desenvolvimento da campanha invasora. na Guerra dos Dez Anos. Antonio Maceo e o Protesto de Baragua. ilme Baragua. Observação e debate. Carácter e importância histórica da Guerra dos Dez Anos. Carácter e importância histórica da Guerra dos Dez Anos. A Guerra dos Dez Anos. A consolidação.

A situação económica e sociopolítica de Cuba entre 1878 e 1895. Situação em lorência. Unificação das forças revolucionárias. A concepção de Marti da guerra. O Martiano pensou em torno da independência, dos problemas latino-americanos e do imperialismo ianque. O Martiano pensou em torno da independência, dos problemas da América Latina e do imperialismo ianque II. A Guerra de 1895. As causas da guerra. Chegada a Cuba dos principais líderes. Reunião dos Mejorana. Começo da guerra no Município. Combate de Jagueysito. A Assembleia de Jimaguayû (16 de Setembro de 1895). A invasão. Os acontecimentos mais significativos. Extensão da guerra na província e no Município. Reunião de Gomez e Maceo em Lazaro Lopez. Presença de Gómez no território durante o Sino da Reforma. Morte em combate de Pfo Antonio Cervantes Bravo. Incremento da repressão espanhola: A

Reconcentração. O desenvolvimento da guerra entre 1896 e 1897. A morte em combate de Antonio Maceo. O desenvolvimento da guerra na província e no município. Antonio Maceo Grajales: O Titã de Bronze. A intervenção norte-americana na guerra (21 de Abril de 1896). na guerra. Ocupação de Santiago de Cuba e recusa ianque à entrada do Exército de Libertação. Maximo Gômez Baez. O Generalfsimo. Guerra de 95. Consolidação. Situação de Cuba no início da ocupação militar. Desempenho do governo interveniente. Situação na província e no município durante o período da ocupação. Reacção popular à ocupação. Mecanismos políticos para consolidar a dominação imperialista.

Unidade 3: A República Neocolonial.

Estabelecimento da República Neocolonial (20 de Maio de 1902). O confronto com os males da República. Manuel Sangue contra o Tratado de Reciprocidade Comercial e a venda de terras a estrangeiros. Situação do proletariado e as principais manifestações de luta: a Greve dos Aprendizes. Situação dos diferentes sectores sociais na província e no município. Segunda intervenção. Os governos corruptos e entreguitas até 1925. A ingerência americana em Cuba: a revolta de 1917. A crise económica de 1920 de 1921. A repercussão no território no aspecto económico e social. A luta contra a corrupção e a favor da reforma das instituições da República. A reforma universitária. A projecção e discussão do filme Mella. A organização política e ideológica do movimento operário. O desenvolvimento do movimento operário em lorencia O governo de Gerardo Machado. A extrema violência contra o movimento revolucionário. O assassinato de Mella. As vítimas da violência em lorência. A luta contra Machado no território. Repercussões da crise económica mundial de 1929 a 1933 na economia cubana. Repercussões nos aspectos económicos e sociais na província e no município. O movimento revolucionário contra Machado. A greve de Março de 1930. Rubén Martfnez Villena. A interferência imperialista: a Mediação de Sumner Welles. A continuação das lutas revolucionárias. O golpe militar de 4 de Setembro de 1933. O golpe militar de 4 de Setembro de 1933. O golpe contra-revolucionário de 15 de Janeiro de 1934. As principais figuras revolucionárias desta etapa. As experiências do movimento revolucionário dos anos trinta. O problema da unidade como factor determinante do seu fracasso. O aprofundamento da crise económica e a imposição de novos mecanismos de controlo. O sistema de quotas de açúcar, o Tratado de Reciprocidade de 1934. Mudanças na vida política do país, nas condições da luta antifascista. A fundação do CTC. A Assembleia Constituinte de 1940. O Governo de ulgencio Batista (1940 – 1944). A política interna e externa. A situação na província e no município. O fracasso do reformismo burguês. O Partido Autêntico: os governos de Ramón Grau San Martfn e Carlos Prfo Socarras. As lutas dos trabalhadores e camponeses nesta fase. Jesúss Menéndez e Sabino Pupo. As lutas dos trabalhadores e dos camponeses no território. Realengo 18. A Ortodoxia. Eduardo Chivas. O trabalho do jovem idel Castro na década dos anos 40. Visita de Chivas ao município. O golpe militar de 10 de Março de 1952. Causas e objectivos da acção golpista. Reacção popular antes do golpe de Estado. Política interna da ditadura. Restrição das colheitas de açúcar e a política de despesas compensatórias. A neocolónia até 1952. O Manifesto de Moncada. As acções de Moncada e Bayamo. A importância histórica das acções de 26 de Julho de 1953. A história irá absolver-me. Importância histórica (I). Chegada do documento em lorencia. A história absolver-me-á. Importância histórica (II). A prisão frutuosa como etapa de preparação política. A criação do Movimento 26 de Julho. O exílio. A criação do movimento no território. Principais acções. As acções de 30 de Novembro de 1956 em Santiago de Cuba. O desembarque da Granma. Alegrfa de Pfo. As principais acções da guerrilha na Sierra Maestra. Os ataques ao quartel de La Plata e El Uvero. O desenvolvimento da luta clandestina. A luta clandestina no território. Principais acções. O ataque ao Palácio Presidencial e a apreensão da Rádio Reloj. A luta no território. A exibição e discussão do filme Clandestinos. A luta revolucionária em 1958. Expansão, consolidação e avanço vitorioso do Exército Rebelde. Ascensão da luta revolucionária no território. Principais acções em lorencia ilme O jovem Rebelde. O avanço do Exército Rebelde. A invasão: Camilo Cienfuegos e Ernesto Guevara. A presença da Coluna 2 no município. O apoio dos Florencianos à coluna invasora.

Unidade 4: A república que é 6 Marti.

O triunfo da Revolução a 1 de Janeiro de 1959. Manobras do imperialismo para impedir a vitória popular. A importância do triunfo revolucionário. Papel da unidade e do idel como líder político-militar na vitória. lorencia primeira cidade livre da antiga província de Camagüey. 14 de Dezembro de 1958. Primeiras medidas do Governo Revolucionário. Reacção da burguesia nativa e do imperialismo. Unidade do povo. Primeiras medidas de carácter democrático e popular tomadas em lorência. Lei da Reforma Agrária. Alfabetização. Acções terroristas contra a Revolução. Novas medidas. Avanços no processo de unidade. A Federação das Mulheres Cubanas e os Comités de Defesa da Revolução. Processo de criação destas organizações no território. Exibição e discussão do filme "El brigadista".
A condenação de Cuba no seio da Organização dos Estados Americanos.
Primeira Declaração de Havana. Solidariedade com Cuba. A agressão armada do imperialismo contra Cuba. A proclamação do carácter socialista da Revolução. A invasão mercenária. A mobilização dos Florencianos em apoio à Revolução antes do ataque inimigo. Exibição e discussão do filme. Giron" (I). Exibição e discussão do filme "Girôn" (II). As bandas contra-revolucionárias e a "Limpia del Escambray". Expulsão de Cuba da OEA. Segunda Declaração de Havana. Crise de Outubro de 1962. Participação dos Florencianos na limpeza do Escambray. Observação e discussão do filme El hombre de Maisinicû. O processo de formação do Partido e da UJC. Características do novo Estado. O processo de formação do Partido e da UJC no território. Observação do documentário Quatro anos que abalaram a ilha (Material sobre os primeiros anos da Revolução). O desenvolvimento económico e social de Cuba até 1965. Realizações e dificuldades. A política internacional da Revolução Cubana. Realizações sociais e económicas no território. Principais conquistas em educação, saúde e outras áreas. Estratégia para o desenvolvimento nos anos iniciais. Realizações em matéria de educação, saúde e outras esferas em lorência. O desenvolvimento do pafs desde 1965. Estratégia de desenvolvimento económico. Estratégia de desenvolvimento em lorenca. A reorganização do sistema político do país. Os congressos do CPC. A importância dos congressos. O

internacionalismo proletário como princípio permanente da política externa de Cuba. O recrudescimento da agressividade imperialista. Internacionalistas. Internacionalistas. Internacionalistas Razões pelas quais o socialismo em Cuba se manteve firme. O apoio do povo ao trabalho da Revolução e às conquistas do socialismo. O apoio do povo de lorência à Revolução. A evolução da economia cubana desde 1990. Estado actual e perspectivas. Situação de lorência. A integração económica regional. A participação de Cuba na Associação dos Estados das Caraíbas. A agressão imperialista permanente. As leis Torricelli e Helms-Burton.

Anexo 4

Teste de conhecimentos inicial e final.

Data:
Tempo:
Grupo:
Grau:

Número de estudantes:

Objectivo: Determinar a situação actual dos alunos do nono ano relativamente ao tratamento da História Local.

Atribuição: Estudante, ao levar a cabo esta actividade ajudará esta investigação sobre o tratamento da História Local a ser realizada de forma mais eficaz. Obrigado pela sua colaboração.

Pergunta 1: Da comunidade primitiva, mencionar quais foram os primeiros colonos do município de Lorencia e o seu modo de vida.

Pergunta 2: Marca, com um X, que actividades económicas fundamentais foram desenvolvidas na economia florentina nos séculos XVI a XVIII.

Criação de gado grande e pequeno.

Xarope de açúcar.

Cultivo do tabaco.

Actividades comerciais.

Criação de porcos.

■ **Pergunta 3:** Durante as guerras pela independência, os florentinos mostraram o seu patriotismo. Argumento,

Chave de qualificação:

20 pontos: Se o estudante for capaz de caracterizar com confiança o conhecimento do processo histórico a partir dos acontecimentos ocorridos correctamente sobre o tema da sua localidade. Deve identificá-lo por si próprio e não pode cometer erros.

18 pontos: Se o estudante for capaz de se expressar correctamente com alguma ajuda ou apresentar uma pequena imprecisão.

15 pontos: Se o estudante for capaz de relacionar correctamente os elementos essenciais do progresso histórico, mesmo que cometa alguns erros ou inexactidões ou apresente dificuldades em identificá-los.

12 pontos: Se tiver dificuldade em se relacionar correctamente, cometa erros, ou apresente uma má argumentação nas suas ideias.

Anexo 5

Guia de Observação de Aulas II

Objectivo: Observar o tratamento dado à História cubana e determinar as dificuldades apresentadas pelos alunos do nono ano sobre a História Local.

Aspectos a considerar:

■ Demonstrar domínio do conteúdo histórico local, referindo-se a:

a. Factos históricos.

b. Personalidades históricas.

c. O tempo e o espaço em que os acontecimentos históricos têm lugar.

■ Possuem competências no tratamento da História Local, em termos de:

a. A argumentação dos factos históricos.

b. Avaliação de personalidades históricas.

c. A localização no tempo e a localização no espaço dos factos históricos.

■ Mostram motivação para o tratamento da História Local por meio de:

a. Interesse em expandir os seus conhecimentos.

b. Motivação para aplicar estes conhecimentos.

c. Vontade de os pôr em prática.

Anexo 6

Inquérito aos estudantes

Data:

Tempo:

Grupo:

Grau:

Número de estudantes:

Objectivo: Avaliar o nível de conhecimentos sobre o tratamento da História Local nos alunos do nono ano.

Pergunta: Alunos: Precisamos de conhecer as suas opiniões sobre os seus conhecimentos de História Local. A sua ajuda será valiosa. Obrigado pela sua participação.

1. Considera importante o tratamento da História Local nas aulas de História Cubana?

Sf

Não

2. Com que frequência lida com conteúdos de História Local nas aulas de História Cubana?

Sempre

Quase sempre

Nunca

3. Conhece os factos históricos e as personalidades da localidade?

Sf

Não

Alguns

4. Tem os conhecimentos necessários para localizar acontecimentos históricos no tempo e no espaço?

Sf

Não

Por vezes

5. Está interessado em expandir os seus conhecimentos de História
Local?

Sf

Não

Por vezes

6. Está motivado para aplicar os seus conhecimentos de História Local?

Sf

Não

Por vezes

7. Está disposto a pôr em prática os seus conhecimentos de história
local?

Sf

Não

Por vezes

I want morebooks!

Buy your books fast and straightforward online - at one of world's fastest growing online book stores! Environmentally sound due to Print-on-Demand technologies.

Buy your books online at
www.morebooks.shop

Compre os seus livros mais rápido e diretamente na internet, em uma das livrarias on-line com o maior crescimento no mundo! Produção que protege o meio ambiente através das tecnologias de impressão sob demanda.

Compre os seus livros on-line em
www.morebooks.shop

KS OmniScriptum Publishing
Brivibas gatve 197
LV-1039 Riga, Latvia
Telefax: +371 686 204 55

info@omniscriptum.com
www.omniscriptum.com

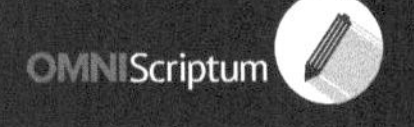

Printed by Books on Demand GmbH, Norderstedt / Germany